Eulogius Schneider

Die ersten Grundsätze der schönen Künste und der schönen

Schreibart

Eulogius Schneider

Die ersten Grundsätze der schönen Künste und der schönen Schreibart

ISBN/EAN: 9783743677616

Hergestellt in Europa, USA, Kanada, Australien, Japan

Cover: Foto ©Thomas Meinert / pixelio.de

Weitere Bücher finden Sie auf **www.hansebooks.com**

Die
ersten Grundsätze
der
schönen Künste
überhaupt,
und
der schönen Schreibart
insbesondere.

Herausgegeben
von
Eulogius Schneider
Professor zu Bonn.

Scilicet ingenuas didicisse fideliter artes
Emollit mores, nec sinit esse feros.
OVIDIUS.

Bonn, gedruckt bei J. F. Abshoven,
Universitäts-Buchdrucker,
und verlegt von der löbl. Schulkommission
1790.

An

Seine Excellenz

den

Herrn Curator

Freiherrn von Spiegel

zum

Diesenberg.

Hochwürdiger,

Hochwohlgeborner Reichsfreiherr,

gnädiger Herr Curator,

Ich widme Ihnen, gnädiger Herr, diese Bogen als ein geringes Denkmal meiner aufrichtigen Verehrung und Dankbarkeit. Ihren gütigen Bemühungen habe ich vorzüglich meinen Ruf an die hiesige hohe Schule zu verdanken: Sie bestimmten mich, die Lehrerstelle am hiesigen Gymnasium zu übernehmen, und setzten mich dadurch in den Stand, den Geschmack unserer studierenden Jugend frühzeitig an das wirklich Schöne, Wahre, und Gute zu gewöhnen. Sie gaben sich selbst die

Mühe, mir die vortreflichsten Bemerkungen über die wesentlichsten Zweige meines
Faches mitzutheilen: S i e ertheilten mir
den Auftrag, das erste Lehrbuch, welches
in unsern Gegenden über die schönen Künste
geschrieben worden, zu verfertigen, und
meinen Zuhörern an der Universität sowohl, als am Gymnasium einen Leitfaden
an die Hand zu geben, nach welchem sie
den mündlichen Unterricht mit doppeltem
Nutzen hören könnten. S i e gehören zu
den wenigen Geschäfts- und Staatsmän-
nern, welche bei den wichtigsten Arbeiten
für das Vaterland den Umgang mit den
Musen nicht unter ihrer Würde halten,
und keine edlere Erholung kennen, als
jene, welche Schönheit in der Natur
und in den Künsten ihren Kennern und
Forschern gewährt.

Möchte meine Arbeit Ihre wohlthätigen Absichten, den Geschmack unserer
Jugend immer mehr zu verfeinern, und
zu berichtigen, einigermaßen befördern!

Möchte dieses Werk, an dessen Entstehung
Sie so vielen Antheil haben, durch den
Nußen, den es stiften soll, die zahlreichen
Wohlthaten rechtfertigen, welche Sie
dem Verfasser desselben bereits erwiesen
haben! Zum wenigsten wünsche ich dadurch
Ihnen einen Beweis von meinem guten
Willen, das Beste des Vaterlandes nach
meiner Weise zu befördern, und zugleich
von jener innigsten Verehrung zu geben,
mit welcher ich bin

Euer Excellenz

Bonn, den 1. August,
1790.

unterthäniger Diener
Eulogius Schneider.

Vorrede.

Ich hatte den größten Theil des Lehrbuches, welches ich hier dem Publikum
liefere, bereits zu meinem Privatgebrauche
verfertiget, da ich von unserm verdienst-
vollen Herrn Curator den Auftrag erhielt, selbiges zum Besten der hier studierenden Jugend herauszugeben. Ein Auftrag, den ich um so lieber befolgte, je
mehr ich mich durch eigene Erfahrung
überzeugt hatte, daß ein Compendium,
welches in unsern Gegenden Nutzen stiften soll, unsern lokalen Bedürfnissen und
Verhältnissen angemessen sein müsse.
Wenige Lehrbücher, welche auf pro-
testantischen Schulen gebraucht werden,
lassen sich auf katholischen anwenden;
nicht etwa, weil Kätzereien darinn vorkommen möchten; sondern weil sie ge-
wöhn-

wöhnlich bei den Schülern mehr voraus-
setzen, als hier vorausgesetzt werden darf.
Ich studierte daher meine Zuhörer, und
suchte meinen Unterricht ihrer Empfäng-
lichkeit, und ihren Bedürfnissen anzu-
passen. Aus diesem Gesichtspunkte muß
meine Arbeit betrachtet werden, wenn
man ein richtiges Urtheil darüber fällen
will.

Neue Aufschlüsse würde man in einem
Schulbuche vergeblich suchen. Genug,
wenn es das Nöthige kurz, deutlich,
und zusammenhängend vorträgt. Ich
weiß, daß das gegenwärtige bei aller
Mühe, die sich der Verfasser gab, diese Fo-
derung nicht vollkommen befriedigen wird.
Aber wer die Schwierigkeiten einer solchen Arbeit kennt, und die vielen Geschäfte beherziget, mit denen ich seit einem Jahre beladen bin, der wird mich
nicht unbarmherzig verdammen.

Das

Das Einzige, durch welches sich mein
Lehrbuch von seinen Brüdern unterschei=
det, ist vielleicht der Plan, den ich wählte.
Mein erster Grundsatz im Unterrichte ist,
vom Allgemeinen zum Speciellen fortzu=
schreiten, so, daß das Folgende immer
aus dem Vorhergehenden Licht und Be=
stätigung erhält. Deswegen setzte ich
zuerst die allgemeinen Grundsätze der schö=
nen Künste fest, und ließ darauf nicht
gleich die Dichtkunst und Redekunst, wie
dies z. B. bei Eschenburg geschieht,
sondern eine besondere Abhandlung von
den allgemeinen Grundsätzen des Stils
folgen, welche ich, der Kürze wegen, die
ästhetische Sprachlehre nannte. Ich
glaube dadurch eine Lücke im öffentlichen
Unterrichte ausgefüllt, und den Uebergang
zur Dichtkunst merklich erleichtert zu ha=
ben.

Ich liefere vor der Hand nur die
Aesthetik, und die ästhetische Sprachlehre.
                                   Beide

Beide werden ihre Brauchbarkeit haben,
wenn auch ein unvorhergesehener Zufall
mich hindern sollte, die Poetik und Rhetorik so bald, als ich's wünsche, nach-
folgen zu lassen. Doch hoffe ich, selbige
noch bis zur künftigen Ostermesse liefern
zu können.

Von dem Urtheile, welches Sach-
verständige über das gegenwärtige Werk
fällen werden, hängt es größtentheils ab,
ob ich fortfahren, oder aufhören solle,
Lehrbücher zum Gebrauche unserer hiesigen Schulen zu verfertigen. Denn ich
möchte mich einer Arbeit, wie diese ist,
nicht gerne unterziehen; wenn ich, nach
dem Ausspruche der Kenner, keinen Be-
ruf dazu haben sollte.

Geschrieben zu Bonn im August.
1 7 9 0.

Der Verfasser.

Inhaltsanzeige.

Einleitung.

Wehrt der idealischen Veranügungen. Zweck und Plan des Lehrbuches.

Erster Haupttheil.

Aesthetik.

§. 1. Bedeutung des Wortes: Aesthetik.

2. Geschichte der Aesthetik.

3. Eintheilung,

4. Nutzen derselben.

Erstes Hauptstück.

Von der Natur, und dem gemeinschaftlichen Zwecke der schönen Künste und Wissenschaften.

§. 5. Bestimmung des Wortes: Kunst.

6. Eintheilung der Künste.

7. Bestimmung des Wortes: Wissenschaft.

8. Eintheilung der Wissenschaften.

9. Schöne Künste und Wissenschaften.

10. Aufzählung der schönen Künste.

11. Redende Künste.

12. Zeichnende Künste.

13. Bildende Künste.

§. 14. Ordnende Künste.

15. Unterschied der schönen Künste und Wissenschaften.

16. Endzweck der schönen K. u. W.

17. Gegenstände der schönen Künste.

18. Höchster Grundsatz der sch. K. u. W.

19. Verhältnis der schönen Künste zu den ernsthaftern Wissenschaften, besonders der Jurisprudenz und Gottesgelehrt-heit.

Zweites Hauptstück.

Aesthetische Seelenlehre.

§. 20. Endzweck dieses Hauptstückes.

Erster Abschnitt.

Vom Erkenntnisvermögen.

§. 21. Das höhere Erkenntnisvermögen.

22. Das sinnliche Erkenntnisvermögen.

23. Begeisterung.

24. Ideenverbindung.

25. Genie.

26. Von den Ursachen, welche ein Genie hervorbringen.

27. Aesthetisches Genie.

28. Geschmack.

29. Eigenschaften des guten Geschmacks.

§. 30. Unterschied zwischen Feinheit und Richtigkeit des Geschmackes.

31. Ob es einen allgemeinen Maasstab des Geschmackes gebe.

32. Batteux' Meinung hierüber.

33. Versuch einen bessern Maasstab des Geschmackes anzugeben.

Zweiter Abschnitt.

Vom Begehrungsvermögen.

§. 34. Begriff des Begehrungsvermögens.

35. Gemüthsbewegung. Leidenschaft.

36. Gegenstände, welche auf das Begehrungsvermögen wirken.

37. Entstehung der Leidenschaften.

38. Eintheilung der Leidenschaften.

39. Angenehme Leidenschaften.

40. Freude.

41. Fröhlichkeit.

42. Liebe.

43. Hoffnung.

44. Unangenehme Leidenschaften:

45. Traurigkeit.

46. Niedergeschlagenheit.

47. Verzweiflung.

48. Furcht.

49. Schrecken.

§. 50. Zorn.

51. Rachgier. Rachsucht.

52. Indignation.

53. Haß.

54. Unglückliche Liebe.

55. Scham.

56. Reue.

57. Unangenehme Leidenschaften können angenehm werden.

58. Vermischte Leidenschaften.

59. Zu welcher Klasse der Stolz gehöre.

60. Vorzug der vermischten Leidenschaften vor den reinen, in ästhetischer Rücksicht.

61. Einfluß der Leidenschaften auf unsere Meinungen und Urtheile.

62. Einfluß der Leidenschaften auf unsere Handlungen

63. Verwandtschaft der Leidenschaften.

64. Sympathie.

65. Zeichen der Leidenschaften.

66. Eintheilung der Zeichen nach Engel.

67. Beschluß dieses Abschnittes.

Drittes Hauptstück.

Von der ästhetischen Kraft, und deren Quellen.

§. 68. Aesthetische Kraft.

69. Schönheit.

§. 70. Geschichte der Meinungen von der Natur des Schönen.

71. Fortsetzung.

72. Fernere Fortsetzung.

73. Morizens neue Theorie.

74. Versuch, den Begriff der Schönheit aufzufinden.

75. Fortsetzung.

76. Zweifel dagegen.

77. Beruhigung.

78. Größe.

79. Das Erhabene.

80. Unterschied des Großen und Erhabenen vom Schönen.

81. Mittel, das Gefühl des Erhabenen zu verstärken.

82. Das Große und Erhabene in den Werken der Künste.

83. Die große Manier.

84. Das Pathos.

85. Das Edle.

86. Entgegengesetzte Fehler.

82. Warnung für junge Künstler.

83. Klarheit.

89. Dunkelheit.

90. Ordnung.

91. Lebhaftigkeit.

92. Mittel der Lebhaftigkeit.

§. 93. Das Neue.

94. Das Unerwartete.

95. Ueberraschung.

96. Das Wunderbare.

97. Maschinen.

98. Kontrast.

99. Verschiedene Arten des Kontrastes.

100. Aehnlichkeit.

101. Feuer.

102. Licht und Schatten.

103. Mannigfaltigkeit und Einförmigkeit.

104. Einfalt.

105. Das Natürliche.

106. Fehler wider das Natürliche.

107. Das Naive.

108. Wahrheit.

109. Grade der Wahrheit.

110. Verschiedene Arten von Wahrheit.

111. Wahrheit des Gegenstandes.

112. Wahrheit des Charakters.

113. Wahrheit der Handlungen.

114. Wahrheit der Nachahmung.

115. Wahrheit des Gedankens.

116. Wahrheit des Ausdruckes.

117. Wahrscheinlichkeit.

118. Tugend.

§. 119.

§. 119. Anstand.

120. Interesse.

121. Interesse der Personen und Charaktere.

122. Das Lächerliche.

123. Wodurch das Lächerliche entstehe.

124. Verschiedene Arten des Lächerlichen.

125. Das Launichte.

Viertes Hauptstück.

Allgemeine Vorschriften.

§. 126. Einleitung.

127. Auswahl des Stoffes.

128. Würdigung des Stoffes.

128. Erfindung.

130. Erfindung des Zweckes aus den Mitteln.

131. Erfindung der Mittel aus dem Zwecke.

132. Plan und Anlage.

133. Ausarbeitung.

134. Beschluß des ersten Theiles.

Zweiter Haupttheil.

Aesthetische Sprachlehre.

Erstes Hauptstück.

Von dem Ursprunge, Fortgange, und den
Bestandtheilen der Sprache.

§. 135. Vom Ursprunge der Sprache.
136. Von der allmähligen Vervollkommnung
der Sprache.
138. Gebehrdensprache. Gesang.
139. Figürliche Sprache.
140. Die Poesie ist älter als die Prosa.
141. Wortfolge.
142. Declination und Conjugation.
143. Erfindung der Schrift.
144. Gemälde. Hieroglyphen.
145. Symbolische Sprache.
146. Buchstaben.
147. Verschiedene Methoden zu schreiben.
148. Würdigung der Schriftsprache.
149. Innere Einrichtung der Sprache.
150. Von den Hauptwörtern.
— Vom Artikel.
151. Zahl, Geschlecht, Declination.
152. Von den Adjectiven.
153. Das Pronomen.
154. Vom Zeitworte.
155. Von den Participien.
156. Von den Adverbien.
157. Von den Präpositionen.
158. Von den Bindewörtern.
159. Die Interjektionen.

§. 160. Geschichte der deutschen Sprache.
161. Charakteristik und Würdigung der deutschen Sprache.

Zweites Hauptstück.

Von den Mitteln, welche die Sprache hat, Darstellung zu befördern, oder von der Schreibart.

§. 162. Begriff der Schreibart.
163. Verschiedene Arten des Stils.
164. Allgemeine Eigenschaften einer guten Schreibart.
165. Deutlichkeit und Zierlichkeit.
166. Aufzählung der vorzüglichsten Mittel, die Deutlichkeit zu befördern.
167. Sprachrichtigkeit.
168. Reinigkeit.
169. Angemessenheit.
170. Bestimmtheit.
171. Ordnung.
172. Einheit.
173. Zierlichkeit.
174. Stärke.
175. Würde.
176. Anstand.
177. Adel.
178. Gränzlinien des Edlen und Unedlen.
179. Absolute und relative Würde.
180. Sünden wider beide Arten der Würde.
181. Positive Würde.
182. Wohlklang.
183. Nothwendigkeit des Wohlklanges.
184. Euphonie.
185. Numerus.

§. 186. Eine Bemerkung über die alten Sprachen in Ansehung des Numerus.

187. Einschnitte.

188. Cadenz.

189. Fehler wider den Numerus.

190. Lebhaftigkeit.

191. Figuren.

192. Ursprung der Figuren.

193. Nutzen der Figuren.

194. Figuren für die Aufmerksamkeit.

195. Figuren der Einbildungskraft.

196. Anknüpfung eines sinnlichen Neben-
begriffes.

197. Auflösung des Ganzen in einzelne
Theile.

198. Erläuterung durch ein sinnliches Bild.

199. Darstellung unter einem sinnlichen
Bilde.

200. Vergegenwärtigung.

201. Figuren für die Leidenschaften.

202. Figuren des Witzes und des Scharfsinnes.

203. Unächte Mittel, die Lebhaftigkeit zu
befördern.

204. Allgemeine Hülfsmittel, den Stil zu
bilden.

205. Beschluß des zweiten Haupttheiles.

NB. S. 35. Z. 20 muß für: Corinth gelesen
werden: Ephesus.

Ein=

Einleitung.

Wir finden in dem Umgange der Musen jene sanften Vergnügungen, welche zwischen den reinen Freuden des Himmels, und den rohen Ergötzungen der thierischen Welt das Mittel halten, und eben deswegen der menschlichen Natur vorzüglich angemessen sind.

Der Mensch besteht aus Leib und Seele. Er ist sinnlicher und geistiger Vergnügungen fähig. Die geistigen lassen sich eintheilen in intellektuelle, moralische, idealische.

Die sinnlichen Vergnügungen sind diejenigen, welche wir vermittelst der äussern Sinne empfinden. Einige derselben können wir grobe, andere feine Vergnügungen nennen. Zu der ersten Klasse gehören diejenigen, welche wir in dem Sinne selbst, zur andern die, welche wir in der Seele empfinden, oder doch zu empfinden glauben. Es wäre überflüssig die Namen der sogenannten fünf Sinne hieherzusetzen. Die

Frei

Feinheit der sinnlichen Vergnügungen stehet
im umgekehrten Verhältnisse mit der Lebhaftigkeit derselben, und steiget also vom Gefühle zum Gesichte stufenweise. An die
Vergnügungen des Gesichtes schließen sich
die idealischen an, welche wieder mehr oder
weniger rein sind. Einige derselben fließen
mit den sinnlichen zusammen, z. B. die
Vergnügungen der Musik, der Malerei,
der Tonkunst. Andere sind ganz, oder doch
größtentheils geistiger Natur, z. B. die Vergnügungen der Dichtkunst. Die feinen
sinnlichen, und die mit ihnen verwandten
idealischen Vergnügungen sind ein wahres,
und wohlthätiges Bedürfnis der menschlichen Natur. Sie sind ein wahres Bedürfnis; weil der Genuß gröberer Lüste die
Kräfte zu bald entschöpft, und Eckel erzeugt. Die Arbeit ermüdet: die rohe Wohl-
lust desgleichen. Die feinern Vergnügungen, von denen hier die Rede ist, liegen
zwischen beiden in der Mitte, und sind das
zweckmäßigste Mittel, die Nerven allmäh-
lich abzuspannen. Sie sind aber auch in
andern Rücksichten ein wohlthätiges Bedürfnis; denn sie befördern

1) Die Sittlichkeit; indem sie die eigen-
   nützigen Neigungen; besonders die Leidenschaften des Stolzes und des Nei-

des mäßigen, die geselligen Triebe stärken, die Harmonie der Seelens kräfte befestigen, den Menschen vom unmäßigen Genuße roher Ergößungen abhalten. Sie befördern

2) Die Bildung des Verstandes; weil sie den Uebergang zu den höhern Wiss senschaften erleichtern, auf die rauhen Pfade des ernsthaften Forschers Rosen streuen, und seine Kräfte heilsam ers quicken. Sie befördern

3) Den äußern Wohlstand der Staaten; indem sie Industrie erwecken, und ers weitern.

Wird es also nicht der Mühe werth sein, die Kunst zu studieren, wie wir solche Vers gnügungen schaffen, vervielfältigen, beurs theilen sollen?

Sehet hier den Zweck des gegenwärtis gen Versuches. — Es soll ein Lehrbuch der schönen Wissenschaften werden. Unter diesen verstehet man die Redekunst, und Dichtkunst, welche aus einigen nicht sehr wichtigen Gründen, die unten vorkoms men sollen, von den schönen Künsten uns terschieden werden. Mein Wunsch wäre,

das

das ganze Gebiet des Schönen zu umfaſ-
ſen; aber das Bedürfnis meiner Zuhörer,
und meine Beſtimmung fodern, daß ich
mich blos auf die ſchönen Wiſſenſchaften
einſchränke.

Da aber dieſe, ohne die allgemeine
Theorie des Schönen vorauszuſchicken,
nicht können erlernet werden; ſo wird
der erſte Haupttheil dieſes Werkes die
Aeſthetik ſein. Der zweite iſt der
Unterſuchung der Sprache, in Hinſicht auf
ſchöne Wiſſenſchaften, gewidmet. Der
dritte wird die Dichtkunſt, der vierte und
letzte die Redekunſt behandeln. So ſchrei-
ten wir vom Allgemeinen zum Beſondern
fort, und finden in dem Vorhergehenden
immer den Grund, oder doch die Be-
leuchtung des Folgenden.

Erſter

Erster Haupttheil.

Aesthetik.

§. 1.

Bedeutung des Wortes: Aesthetik.

Aesthetik ist, wie die meisten Kunstwörter, griechischen Ursprungs, und würde
nach den Regeln der Etymologie die Theorie des Empfindungsvermögens bedeuten.
Indeß hat es, nach dem jetzigen Sprachgebrauche, eine andere Bedeutung.

Im weitesten Sinne genommen, bedeutet Aesthetik die vollständige Theorie aller
schönen Künste und Wissenschaften, nämlich nicht allein jene Grundsätze und Vorschriften, welche sie miteinander gemein
haben, sondern auch die eigenthümlichen
Grundsätze und Vorschriften einer jeden
insbesondere.

Im engern Sinne, in welchem sie auch
hier genommen wird, ist sie die Theorie der

A 3   sinn-

finnlichen Erkenntnis des Schönen, oder
ein zusammenhängender Innbegriff derjeni=
gen Grundsätze, welche alle schönen Künste
und Wissenschaften miteinander gemein ha=
ben. Sie ist für diese, was die allgemeine
praktische Philosophie für das Naturrecht
und die Sittenlehre ist.

Home nennet sie Kritik (Criticism)
so auch Pope; weil sie Grundsätze an=
giebt, nach welchen die Werke des Ge=
schmacks zu beurtheilen sind.

§. 2.
Geschichte der Aesthetik.

Die Entstehungsgeschichte der schönen
Künste verlieret sich im grauen Alterthume.
Das älteste Volk, bei welchem wir Spu=
ten davon entdecken, sind die Aegyptier.
Von ihnen wanderten sie zu den Griechen;
und erreichten dort die höchste Stufe der
Vollkommenheit. Eine glückliche Him=
melsgegend, die Verfassung der griechischen
Staaten, der Geist der Freiheit, welcher
sie beseelte, die große Achtung, in welcher
die Künstler standen, und die glänzenden
Belohnungen, welche ihnen zu Theile wur=
ben, konnten nicht ohne Wirkung bleiben.

Weni=

Weniger, aber doch einiges Verdienst hatten die Römer um die schönen Künste und Wissenschaften. Am glücklichsten waren sie in den Werken der Dichtkunst und Beredsamkeit; in den bildenden Künsten leisteten sie selber nichts, doch unterstützten sie die gebornen Griechen, welche sich bei ihnen hervorthaten.

Die Regeln und Grundsätze der schönen Künste und Wissenschaften wurden erst nach der Ausübung erfunden und festgesetzt. Homers Iliade, und Sophokles Trauerspiele waren die Quellen, aus welchen Aristoteles die Grundsätze der Dichtkunst schöpfte. Horaz, Demetrius Phalereus, Longin machten vortreffliche Bemerkungen über einzelne Theile der sch. K. u. W.; aber keiner faßte den Gedanken, ihre gemeinschaftlichen Grundsätze aufzusuchen, und festzusetzen.

Mit der römischen Monarchie fiel auch das Reich des Schönen zusammen, nachdem es mit derselben stufenweise gesunken war. Erst um die Zeit der Reformation fiengen die Künste wieder an aufzublühen. In Italien erwarb sich Hieronymus Vida durch seine in lateinischen Hexametern geschriebene Dichtkunst ein ausgezeich-

A 4 netes

hetes Verdienst um die Theorie der schönen
Wissenschaften. Ein Gleiches thaten späterhin Boileau, Rollin, und Batteux in Frankreich. Allein es fehlte noch
immer an allgemeinen Grundsätzen, an einer
Metaphysik des Schönen, an dem, was
wir Aesthetik im engern Sinne des Wortes nennen. Die Erfindung dieser Wissenschaft sollten wir dem unsterblichen Baum-
garten zu verdanken haben. Nur Schade, daß sich dieser denkende Kopf aus
Mangel ausgebreiteter Kunstkenntnisse einzig auf die Redekunst und Dichtkunst ein-
schränken mußte.

Unter den Neuern haben über die Aesthetik geschrieben Riedel, Eberhard,
Eschenburg, Steinbart, Säng,
und einige andere.

§. 3.
Eintheilung der Aesthetik.

Wenn diese Wissenschaft die gemeinschaftlichen Grundsätze und Vorschriften
aller sch. K. u. W. enthalten soll, so muß
sie zuerst die Natur, und den Zweck derselben untersuchen. Sie muß ferner die
Seelenkräfte, welche vorzüglich dabei ge-
schäftig sind, in dieser Rücksicht betrachten.
Sie

Sie muß drittens die kräftigsten Mittel, den Zweck der sch. K. u. W. zu erreichen, an die Hand geben, oder mit andern Worten, die Quellen der ästhetischen Kraft aufdecken. Endlich erwarten wir von ihr einige allgemeine, jedem Künstler zur Vollendung seiner Werke nothwendige Vorschriften.

Die Aesthetik zerfällt also in vier Hauptstücke, von denen ein jedes eine der so eben gemachten Forderungen erfüllen soll.

§. 4.
Nutzen der Aesthetik.

Der Nutzen dieser Wissenschaft ist unverkennbar, weil sie unsere, oft dunkle Gefühle in Begriffe verwandelt, und sichere Regeln des Geschmackes festsetzet. Wenn man dagegen einwendet, die Freiheit jener vorzüglichen Köpfe, welche wir Genies nennen, werde durch ästhetische Gesetze zu sehr beschränket, und das Gefühl des Schönen werde in eben dem Maße abgestumpfet, in welchem die deutliche Erkenntnis desselben zunimmt; so antworten wir ihm, daß einige Beschränkung der Freiheit im Reiche des Schönen eben so wohlthätig sei, wie weise Gesetze im Staate, und daß Berichtigung

tigung des Gefühls von der Zernichtung
desselben verschieden sei.   Wohl gab es
Künstler, welche sich über allen Zwang
ästhetischer Gesetze hinwegsetzten, wie z. B.
S h a k e s p e a r e,   und doch den Beifall
aller Kenner sich erwarben; aber diesen er=
warben sie sich nicht durch ihre Sünden
wider die Gesetze, sondern durch ihre wah=
ren mit den Gesetzen übereinstimmenden
Schönheiten, um derentwillen man jene
Flecken gerne übersah.

Erstes

Erſtes Hauptſtück.

Von der Natur, und dem gemeinſchaftlichen Zwecke der ſchönen Künſte und Wiſſenſchaften.

§. 5.

Beſtimmung des Wortes : Kunſt.

Das Wort: Kunſt wird entweder ſubjektiv, oder objektiv genommen. Im erſten Sinne bedeutet es die Fertigkeit, Handlungen oder Werke von einer gewiſſen beſtimmten Art, welche Geſchicklichkeit fordert, hervorzubringen. Im zweiten Sinne bedeutet es den Innbegriff derjenigen Grundſätze und Vorſchriften, nach welchen ſolche Handlungen oder Werke hervorgebracht werden.

° Entwickelung der Begriffe von Handlung, Werk, Geſchicklichkeit.

§. 6.

Eintheilung der Künſte.

Jede Kunſt wird entweder durch die Kräfte des Körpers, oder durch die Kräfte des

des Geistes ausgeübt. Im ersten Falle heißt sie mechanisch, im zweiten frei.

§. 7.

Bestimmung des Wortes: Wissenschaft.

Wissenschaft heißt ein zusammenhängender Innbegriff gewisser, miteinander verwandter, und auf einen gemeinschaftlichen bestimmten Zweck abzielender Lehrsätze. z. B. Polizeiwissenschaft, Naturlehre, Pathologie. Wissenschaft unterscheidet sich also von der Kunst dadurch, daß sie sich nicht unmittelbar mit Hervorbringung gewisser Handlungen oder Werke beschäftiget, sondern sich mehr an theoretische Grundsätze hält.

§. 8.

Eintheilung der Wissenschaften.

Eine Wissenschaft hat entweder die Vervollkommnung des höhern oder des niedern Erkenntnisvermögens zum nächsten Zwecke: im ersten Falle gehöret sie zu den ernsthaften, strengen, höhern; im zweiten zu den schönen Wissenschaften, zu den studiis humanitatis.

§. 9.

§. 9.

Schöne Künste und Wissenschaften.

Man nennet überhaupt schön, was angenehm ist; daher der Name: schöne Künste und Wissenschaften. Beide haben den Zweck, unsere Einbildungskraft, und unser Empfindungsvermögen angenehm zu beschäftigen.

* Den nähern und bestimmtern Begriff des Schönen an seinem Orte.

§. 10.

Aufzählung der schönen Künste.

Die Gränzen der schönen Künste und Wissenschaften laufen, wie man bald sehen wird, so sehr ineinander, daß wir sie füglich, wär' es auch nur der Kürze halber, mit dem gemeinschaftlichen Namen der schönen Künste bezeichnen können. Alsdenn lassen sich selbige eintheilen in redende, zeichnende, bildende, und ordnende Künste.

§. 11.

Redende Künste.

Diese bedienen sich entweder natürlicher, oder willkührlicher Zeichen. Das her

a) Ton:

a) Tonkunst (Musik), und Geberdensprachekunst (Mimik).

b) Redekunst (Rhetorik), und Dichtkunst (Poëtik).

§. 12.

Zeichnende Künste

Sind diejenigen, welche ihre Werke auf
Flächen, vornehmlich durch schickliche
Vertheilung von Schatten und Licht her-
vorbringen. Dahin gehören

a) Die Zeichenkunst in engerer Bedeutung. Sie bedienet sich willkührlicher Farben.

b) Die Malerkunst. Sie bedienet sich
 natürlicher Farben.

c) Die mosaische (musaische, musi-
 vische) Kunst. Diese setzt Gemälde
 aus kleinen farbigen Steinen, oder
 gefärbten Gläsern zusammen.

d) Die Kupferstecherkunst. Grab-
 stichel, Aetzkunst, Schwarzkunst.

e) Die Formschneidekunst. Holz-
 schnitte.

f) Die Bildwirker- und Sticker-
 kunst. Beide malen mit Fäden.

§. 13.

§. 13.

Bildende Künste.

Diese arbeiten ihre Gegenstände in körs perlicher Gestalt aus. Ihre Arten sind

a) Die **Plastik**, oder Thonbildekunst, wozu auch die Porzellain ‒ Modellir‒ kunst gerechnet wird. . . . .

b) Die **Stuckaturkunst**, welche sich des Gypses, oder eines mit Kalk und andern Ingredienzen vermischten Mörs tels bedienen.

c) Die **Possirkunst.** Sie arbeitet in Wachs.

d) Die **Bildhauerkunst**, welche feste Körper bearbeitet. Wenn diese spröde sind, wie z. B. Marmor; so heißt sie Bildhauerkunst in ängerer Bedeutung. Wenn sie nicht spröde sind, wie z. B. Holz; so heißt sie auch **Schnitzkunst**; besonders wenn die Bilder klein sind.

e) Die **Drehekunst**, oder **Drechsel‒ kunst**, bei den Alten **Toreutik.** Zu ihr gehöret auch die **Schleifkunst**, in sofern sie schöne Gestalten in harte Körper, besonders in Glas bildet.

f) Die **Steinschneidekunst.** Ihr Ge‒ schäfte ist, theils erhabene, theils ver‒

tiefte

tiefte Bilder in die härtern, edlern
Steine zu arbeiten.

g) Die Stempelschneidekunst, deren
schöne Werke erst nach der Ausprä=
gung auf Metalle, oder auch weichere
Körper völlig dargestellt werden.

h) Die Gießkunst kann in Ansehung
der Formen, nach denen gegossen wird,
einen Platz unter den bildenden Künsten
behaupten.

§. 14.
Ordnende Künste.

Hierunter gehören

a) Die Gartenkunst.

b) Die Baukunst.

c) Die Meublir = und Kleidungs=
kunst.

Nebst den bisher aufgezählten schönen
Künsten giebt es noch einige, welche aus
mehreren derselben zusammengesetzt sind.
Dahin gehören die Gesangskunst, die
Tanzkunst, die Deklamirkunst, und die
theatralischen Künste.

Die Eintheilung der Künste in solche,
die körperliche, und in solche, die unkörper=
liche Gegenstände darstellen, scheinet man=
cherlei

herlei Schwierigkeiten unterworfen zu
sein, wenigstens ist sie entbehrlich.

§. 15.
Unterschied der schönen Künste und Wissenschaften.

Die Redekunst und Dichtkunst werden zum Unterschiede von den übrigen, so
eben aufgezählten Künsten schöne Wissenschaften genannt. Man sieht aber aus
obigem Verzeichnisse, und aus dem Begriffe, den wir von den schönen Künsten
gaben, daß der Unterschied, welcher beide
voneinander trennet, nicht sehr wichtig sei.
Mendelsohn und Lessing haben sich
Mühe gegeben, denselben zu erweisen; aber
es kömmt hier Alles auf den Begriff des
Wortes Kunst an. Uebrigens ist nicht
zu läugnen, daß die Dichtkunst und Redekunst ihre Eigenheiten haben, welche sie von
dem übrigen Gefolge der Musen unterscheiden. Und wenn wir diese Eigenheiten
kennen, so wird es ja auf den Namen nicht
ankommen.

Eschenburg sagt, die Verschiedenheit der schönen Künste und Wissenschaften
liege a) in der verschiedenen Beschaffenheit
der Gegenstände die sie bearbeiten, b) in
ihrer

ihrer eigenthümlichen Wirkungsart, und den besondern Sinnen, worauf ihr Eindruck gerichtet ist, c) darinn, daß die schönen Künste ihren Gegenstand gleichzeitig, die schönen Wissenschaften den ihrigen allmählig darstellen; und d) in den Mitteln, deren sie sich zur Darstellung bedienen. Diese seien in den schönen Künsten natürliche, in den schönen Wissenschaften willkührliche Zeichen.

Es hält nicht schwer, die Unzulänglichkeit dieser Unterscheidungsgründe zu zeigen. Denn a) die Geberdensprachekunst bearbeitet eben die Gegenstände, welche die Dichtkunst bearbeitet. b) Die Dichtkunst, und Redekunst wirken auf die Einbildungskraft und das Gefühl: eben so die Malerei. Jene gehen durch das Ohr ein: eben so die Musik. c) Das Successive in der Darstellung haben die schönen Wissenschaften mit der Musik, Mimik und Tanzkunst gemein. d) Der letzte Unterscheidungsgrund ist wenigstens nicht allgemein, läßt sich wenigstens nicht auf jene Künste anwenden, in denen eigentlich gar keine Zeichen statt haben, z. B. die Gartenkunst, Baukunst, Meublirkunst.

Ein wesentlicher Unterscheidungsgrund wäre etwa noch dieser, daß die schönen Wissen-

Wiſſenſchaften ſich artikulirter laute be⸗
dienen, welches die Künſte nicht thun.
Und dann noch der Umfang von beiden.
Die Künſte ſtellen nur ſolche Gegenſtände
dar, welche in die Sinne fallen: die Rede⸗
kunſt und Dichtkunſt hingegen ſchildern un⸗
ſere feinſten Empfindungen und geheimſten
Gedanken. Dieß letztere gilt zwar zum
Theile auch von der Muſik, doch in einem
weit geringern Grade. Sie ſchildert nur im
Allgemeinen: die ſchönen Wiſſenſchaften
dringen ins Beſtimmte und Individuelle.

Wir machen uns aber kein Gewiſſen
daraus, dieſen Unterſchied in der Folge zu
vernachläßigen, und wollen unter der Be⸗
nennung: ſchöne Künſte, ſo oft dieſelbige
ohne nähere und beſondere Beſtimmung vor⸗
kömmt, das ganze Gebiet der oben ver⸗
zeichneten Künſte, alſo auch der Redekunſt
und Dichtkunſt verſtanden haben.

§. 16.

Endzweck der ſchönen Künſte und Wiſſen⸗
ſchaften.

Um den Endzweck der ſchönen Künſte
zu beſtimmen, dürfen wir nur das Ver⸗
zeichnis derſelben noch einmal durchſehen.
Sie laufen nämlich alle dahinaus, ſinn⸗

liche

liche Vollkommenheit entweder hervorzu=
bringen, oder, wenn diese schon da ist,
darzustellen.

Vollkommen nennen wir, was alle
Realitäten hat, die zu seiner Bestimmung
erfodert werden. Die Uebereinstimmung
dieser Realitäten zum Zwecke heißt Voll=
kommenheit. Geistige Vollkommenheit
wird durch das höhere, sinnliche Voll=
kommenheit durch das niedere Erkenntnis=
vermögen erkannt. Wenn man will, so
kann man die letzte auch Schönheit nen=
nen.

§. 17.

Gegenstände der schönen Künste.

Nichts kann also Gegenstand der schönen
Künste sein, was nicht sinnliche Vollkom=
menheit besitzet. Zum Glücke hat uns die
Natur mit sinnlich vollkommenen Gegen=
ständen reichlich versehen, und was sie nicht
gegeben hat, können wir durch die Ein=
bildungskraft selbst erschaffen. Der Zau=
berstab dieser schöpferischen Kraft weis auch
Wüsteneien in Paradiese umzuwandeln,
und selbst die abstraktesten Wahrheiten in
sinnliche Gewande zu hüllen. Milton
findet Mittel, selbst den Teufel auf eine
ngenehme Weise zu schildern.

§. 18.

§. 18.

Höchster Grundsatz der schönen Künste und Wissenschaften.

Vielleicht können wir eines solchen höchsten Grundsatzes gänzlich entbehren. Hält man ihn aber für nothwendig, so wollen wir lieber die Vollkommenheit sinnlicher Darstellung, und die Darstellung sinnlicher Vollkommenheit, als die Nachahmung der schönen Natur dafür gelten lassen. Dem Batteurischen Grundsatze fehlt es an Allgemeinheit; denn nur die bildenden Künste ahmen eigentlich nach. Ein Garten ist nicht Nachahmung, sondern Verschönerung der Natur. Die Baukunst kopieret nicht, sondern schafft. Die Sprache, das Werkzeug der redenden Künste, hat so wenig, als die Musik, ein Urbild in der Natur.

§. 19.

Verhältnis der schönen Künste zu den ernsthaftern Wissenschaften, besonders der Jurisprudenz und Gottesgelehrtheit.

Das Gefühl des Schönen ist mit dem Gefühl des Wahren und Guten genau verwandt. Wenn also die schönen Künste uns

B 3

uns für die Eindrücke der Schönheit emp=
fänglich machen, so müssen sie auch unsern
Sinn für Wahrheit und Tugend befestigen
und veredeln. Der Rechtsgelehrte wird
mit Beihülfe ästhetischer Kenntnisse sein
Gesetzbuch leichter verstehen, und deutli=
cher erklären. Er wird eine verständli=
chere und menschlichere Sprache führen,
als der kauderwelsche, rohe Rabulist.
Sein empfindsameres Herz wird dem töd=
tenden Buchstaben des Gesetzes die Stim=
me der Vernunft und der Menschlichkeit
in manchen Fällen vorziehen. Der Theo=
loge ohne Geschmack ist vollends unaus=
stehlich. Wie wird er die poetischen Theile
der Bibel verstehen und erklären? Was
für ein Volksredner wird er werden? Mit
welchem Glücke wird er gegen die Feinde
des Christenthums streiten? Wie erbärm=
lich wird es in seiner Kirche aussehen?

Zweites

Zweites Hauptſtück.

Aeſthetiſche Seelenlehre.

§. 20.

Endzweck dieſes Hauptſtückes.

Die ganze, in uns lebende Kraft, welche wir Seele nennen, wird in die denkende, und wollende getheilt. Jene nennen wir den Verſtand, dieſe den Willen oder das Herz. Der Moraliſt unterſucht beide, in ſofern ſie die Quellen unſerer Pflichten ſind: der Arzt, in ſofern ſie Einfluß auf die Geſundheit des Körpers haben: der Metaphyſiker, in ſofern er ihren allgemeinen Eigenſchaften und Geſetzen nachſpüret, und abſtrakte Wahrheiten daraus herleitet u. ſ. w. Wir betrachten ſie hier, in ſoferne ſie ſich in den ſchönen Künſten wirkſam beweiſen, in äſthetiſcher Hinſicht. Das gegenwärtige Hauptſtück iſt der unentbehrlichſte Theil in der Aeſthetik. Wir müſſen die Empfindungen kennen, welche wir darſtellen und erwecken wollen. Der Künſtler muß die Menſchen ſtudieren, wenn er ihnen gefallen will.

B 3   Wir

Wir wollen zuerst vom Erkenntnißvermögen, dann vom Willensvermögen
handeln.

Erster Abschnitt.

Vom Erkenntnisvermögen.

§. 21.

Das höhere Erkenntnisvermögen.

Das Erkenntnisvermögen wird gemeiniglich eingetheilt in das höhere und sinnliche: zu jenem rechnet man den Verstand,
die Beurtheilungskraft, die Vernunft.

Der Verstand ist das Vermögen, deutliche und allgemeine Begriffe zu bilden.

Die Beurtheilungskraft ist das Vermögen, die Uebereinstimmung oder Verschiedenheit zweier Begriffe einzusehen.

Das Vermögen, die Uebereinstimmung
oder Verschiedenheit zweier Begriffe durch
Vergleichung mit einem Dritten zu erkennen, nennen wir die Vernunft.

Zwar beschäftigen sich die höhern Erkenntniskräfte vorzüglich mit den ernsthaften
Wissenschaften; doch haben sie auch in den
schönen Künsten ein Wort zu sprechen.
Auch in diesen muß Wahrheit liegen, und
darüber

darüber muß doch zuletzt das höhere Erkenntnisvermögen richten.

Die Beurtheilungskraft wird Scharfsinn genannt, wenn sie in ähnlichen Dingen Verschiedenheit, Witz, wenn sie in
verschiedenen Dingen Aehnlichkeit bemerket. Beide sind dem Künstler unentbehrlich.

§. 22.
Das sinnliche Erkenntnisvermögen.

Zum sinnlichen Erkenntnisvermögen gehöret 1) das Empfindungsvermögen,
oder die Kraft, die Veränderungen unserer
Seele, sie mögen nun von auffen bewirkt
werden, oder von innen entstehen, wahr-
zunehmen. Von der Empfindung läßt sich
das Empfindnis unterscheiden. Dieses ist
jene Affektion der Seele, welche aus dem
Misfallen oder Wohlgefallen entstehet, das
die Empfindung begleitet.

2) Das Gedächtnis- und Erinne-
rungsvermögen. Jenes bestehet in der
Kraft, einmal gehabte Vorstellungen wieder zu erwecken. Dieses begreift noch über-
dies das Bewustsein der schon gehabten Vorstellungen in sich.

Beide

Beide dienen dazu uns abwesende, vergangene, entfernte Gegenstände als gegenwärtig darzustellen. Je mehr Sinnlichkeit der Künstler seinem Werke eindrückt, desto besser für das Gedächtnis, und desto öfter wird die Wirkung seiner Kunst ohne Mühe wiederhohlet werden können.

3) Die Einbildungskraft, oder das Vermögen sich abwesende Gegenstände, sie mögen nun wirklich, oder erdichtet sein, klar und lebhaft vorzustellen. Die Einbildungskraft ist die Schöpferinn aller Kunstwerke. Der Anlage nach ist sie Naturgabe; sie kann und muß aber durch Uebung, Anfrischung und Nahrung gestärkt werden. Nicht allein der Künstler, auch der blofe Kenner und Liebhaber bedarf ihrer, um Recht zu genießen. Ihre Führerinn ist die Vernunft; sonst schweifet sie aus. Leichtigkeit, Lebhaftigkeit, Stärke und Reichthum sind ihre wesentlichsten Vorzüge.

4) Das Dichtungsvermögen unterscheidet sich von der Einbildungskraft dadurch, daß es solche Vorstellungen sich schaffet, deren Urbilder nirgends in der Natur angetroffen werden. Es setzet zusammen, trennet, bauet auf, reißet nieder, wie es ihm beliebt: auf seinen Wink entstehen
neue

neue Gestalten, neue Handlungen, neue
Welten. Seine Stärke hängt von der
Einbildungskraft und dem Gedächtnisse ab.
Durch Scharfsinn und Geschmack wird es
in Ordnung gehalten.

§. 23.
Begeisterung.

Wenn die Einbildungskraft so ganz mit
einem Gegenstande erfüllet wird, daß die
Seele ausser diesem nichts empfindet, nur
an ihm hängt, nur das, und alles das,
was auf ihn Bezug hat, leicht und deutlich erkennet; so nennet man diesen Zustand
Begeisterung. Die Griechen nannten ihn
Enthusiasmus, (ενθουσιασμος) weil die ersten Menschen einen solchen Zustand un-
mittelbaren Einwirkungen höherer Wesen
zuschrieben. Die Begeisterung gehöret zu
den kräftigsten Mitteln, sinnliche Darstellung zu bewirken. Ein kalter Spekulant
wird nie ein schönes Kunstwerk hervorbringen.

§. 24.
Ideenverbindung.

Unsere Ideen sind mannigfaltig miteinander verknüpfet. Diese Verknüpfung
richtet sich gemeiniglich nach den Verhält-
niſſen,

niſſen, woburch Dinge miteinander verbunden ſind.. Dieſe Verhältniſſe ſind entweder objektive, oder ſubjektive. Zu
den erſten gehören Cauſalität, Coexiſtenz,
ſo wohl in Anſehung der Zeit, als in Anſehung des Raumes, Aehnlichkeit, Contraſt, Vorhergehendes, Nachfolgendes. Unter den letzten verſtehen wir die herrſchende
Idee, die Lieblingsleidenſchaft, und die je-
desmalige Stimmung der Seele. Daher
die verſchiedenen, oft einander entgegen
geſetzten Wirkungen, welche eine und die-
ſelbe Vorſtellung auf verſchiedene Menſchen
macht. Oft weinet Jemand über eine Geſchichte, bei welcher der andere lächelt. Ein
bloſer Name ſetzet mich in die heftigſte Bewegung; indeß mein Nachbar gähnet. Ein
Künſtler muß die Geſetze der Ideenverbindung recht ſtudieren, wenn er beluſtigen,
oder rühren will. Selbſt die größten Mei-
ſter begiengen merkliche Sünden wider dieſe
Regel. Man ſehe z. B. Horaz III, 1.
Das andere Beiſpiel, welches Home anführet ſoll II, 13. ſein. Aber nach dem
Gefühle ſcharfſichtiger Kunſtrichter gehöret
dieſe Ode zu den beſten, die Horaz ge-
ſchrieben hat. Mit größerem Rechte wird
Virgil getadelt in folgenden Stellen:
Georg. I, 231. II, 136, 475. Aeneid.
IV, 173.

§. 25.

§. 25.

Genie.

Ein vorzügliches Vermögen, sich seiner Seelenkräfte leicht und geschickt zu bedienen, nennet man Genie. Erstrecket sich dasselbe auf alle, oder doch die meisten und vorzüglichsten Kräfte der Seele, so heißet der Mensch, welcher es besitzet, vorziehungs weise ein Genie, ein großer Geist. Wenige Sterbliche werden mit so glücklichen Organen geboren, und in so vortheilhafte Lagen versetzt, daß ihre Seele zu allen Zweigen der geistigen Thätigkeit in gleichem Grade geschickt werde. Die meisten schränken sich auf besondere Gegenstände ein, widmen sich einer besondern Kunst oder Wissenschaft, und erhalten alsdenn ihre Benennung von ihrem Fache. Daraus läßt sich nun erklären, was ein philosophisches, mathematisches u. s. w. Genie sei. Das Genie hat seine Stufen: es giebt ausserordentliche, vorzügliche, große Genies, aber kein mittelmäßiges. Den Grad von Fähigkeit, der zwischen dem Genie, und dem mittelmäßigen Talente liegt, nennet man einen guten Kopf.

§. 26.

§. 26.

Von den Ursachen, welche ein Genie hervorbingen.

Die Ursachen, welche ein Genie hervor=
bringen, sind mannigfaltig, und in einzel=
nen Fällen schwer zu bestimmen. Sie las=
sen sich jedoch in physische und morali=
sche eintheilen. Jene sind

a) Die Organisation, bei weitem die
   wichtigste, wie aus der Analogie der
   Thiere erhellet;

b) Das Clima,

c) Die Nahrungsmittel, und

d) Ueberhaupt Alles, was auf den Zu=
   stand unseres Körpers, besonders in
   der Jugend Einfluß hat.

Zu den moralischen rechnet man

a) Die Erziehung,

b) Die Religion,

c) Das Beispiel, und

d) Nicht selten der Zufall.

Siehe hierüber Helvetius De l'E-
sprit, und De l'homme. So wenig man
diesem Philosophen in der Hauptsache bei=
pflichten kann; indem er allen Einfluß der

physi=

physischen Ursachen zu läugnen sucht; so muß man ihm doch die Gerechtigkeit wiederfahren lassen, daß er über die moralischen viel treffendes und wahres sagt.

° Einiges aus der Geschichte der vorzüglichsten Genies.

§. 27.
Aesthetisches Genie.

Ein vorzügliches Vermögen, sich seiner Seelenkräfte in Erkenntnis und Hervorbringung schöner Kunstwerke leicht und geschickt zu bedienen, heißet ästhetisches Genie. Man siehet von selbst, daß dieses wieder mancherlei Abtheilungen leide. Ursprünglich ist es Geschenk der Natur, und kann durch keinen Fleiß hergezaubert werden. Doch muß es durch diesen entwickelt und bearbeitet werden, wenn es reife und schmackhafte Früchte bringen soll.

§. 28.
Geschmack.

Nicht allen Sterblichen haben die Götter gegeben, Genies zu werden; aber Gefühl für das Schöne liegt in jedem Herzen, wenn es nicht durch Nachläßigkeit, oder Entgegenwirken abgestumpfet wird. Dieses

ses Gefühl, verbunden mit einer Fertigkeit, die Gründe seines Wohlgefallens oder
Misfallens über Kunstwerke anzugeben, nennen wir den Geschmack. Die Lehre vom
Geschmack stehet mit Recht zwischen der
Theorie des Erkenntnisvermögens, und jener des Empfindungsvermögens in der Mitte; denn sie umfasset beide. Gefühl ist
nicht Beurtheilungskraft; Geschmack ist
weder Gefühl allein, noch Beurtheilungskraft allein; sondern etwas, das aus beiden zusammenfließt. Ein Nichtkenner der
Musik höret ein Meisterwerk von Gluck:
es rühret ihn. Er hat Gefühl; aber nicht
Geschmack. Ein Pädagog erkläret mir Horazens Oden: er zerlegt sie in ihre kleinsten
Theile, und zergliedert jedes Wort mit phi-
lologischer Genauigkeit. Es fehlet ihm
nicht an Beurtheilungskraft, aber an Geschmacke. Der Geschmack ist, wie das Genie, theils Gabe der Natur, theils Werk
der Bildung. Das Gefühl hat die Natur
in unsern Busen gesenkt, auch den Keim der
Beurtheilungskraft hat sie in uns gelegt:
aber beide, Gefühl, und Beurtheilungskraft
müssen durch Uebung, eigenes Nachdenken,
und vorzüglich durch den Umgang mit guten
Mustern entwickelt und veredelt werden.

*Wir Deutschen sagen öfter: ein verdorbe-
ner Geschmack, als: ein schlechter, oder
böser Geschmack.

§. 29.

Eigenschaften des guten Geschmacks.

Die wesentlichsten Eigenschaften des guten Geschmackes sind Feinheit und Richtigkeit. Die Feinheit besteht in der Leichtigkeit, auch die feinern und versteckteren Schattirungen der Schönheit in den Erzeugnissen der Künste zu bemerken, und zu empfinden; darinn, daß uns kein Ton, kein Strich, keine Sylbe, worinn Schönheit liegt, entwische; daß wir auch dort noch empfinden, wo der alltägliche Mensch nichts empfindet. Die Richtigkeit des Geschmacks bestehet in der Fertigkeit, das wahrhaft Schöne vom blos Glänzenden und Falschen, z. B. das Erhabene vom Schwulstigen, das Sanfte vom Weichlichen, das Große vom Uebertriebenen zu unterscheiden. Sie setzet uns in Stand, jede Art von Schönheit zu würdigen, und die Gründe anzugeben, warum sie wirkliche Schönheit sei.

   * Erklärung aus der Analogie des physischen Geschmackes.

   ** Etwas über die Ursachen des Geschmackes.

§. 30.

Unterſchied zwiſchen Feinheit und Rich-
tigkeit des Geſchmackes.

Freilich wird kein Geſchmack wirklich
fein ſein, wenn er nicht auch richtig iſt,
und umgekehrt: freilich laufen beide, Feinheit und Richtigkeit, ineinander; aber
ſie haben doch auch Punkte, in denen ſie
ſich voneinander trennen. Die Feinheit
beziehet ſich vorzüglich auf das Gefühl, die
Richtigkeit auf den Verſtand. Jene zeigt
den poſitiven Wehrt, fühlt die poſitiven
Schönheiten eines Werkes: dieſe entdeckt
die Mängel, bemerkt die negativen
Schönheiten deſſelben. Jene iſt mehr Ge-
ſchenk der Natur, dieſe mehr Wirkung
des Fleiſſes und der Bildung.

§. 31.

Ob es einen allgemeinen Maasſtab des
Geſchmackes gebe.

Giebt es wohl eine Norm, einen allgemeinen zuverläßigen Maasſtab des Geſchmackes? Faſt ſollte man es läugnen,
wenn man die Verſchiedenheit der Urtheile
betrachtet, welche zu allen Zeiten über
Kunſtwerke ſind gefället worden. Der Ge-

ſchmack

ſchmack in der Baukunſt, wie mannigfal=
tig hat er ſich ſeit zweitauſend Jahren ge=
ändert? Der ängliſche Geſchmack in der
Gartenkunſt, wie ſehr iſt er von dem hol=
ländiſchen verſchieden! Die Redekunſt, was
für Veränderungen erfuhr ſie nicht ſeit we=
niger als funfzig Jahren! Die deutſche
Dichtkunſt, wie hat ſie ſich ſeit den Zeiten
Karls des Großen verändert! Wo fän=
den wir alſo den Maasſtab des guten Ge=
ſchmackes? Wahrſcheinlicher Weiſe iſt es
vergebliche Mühe, ihn zu ſuchen.

Aber alsdenn würde es auch einerlei ſein,
was für einen Geſchmack man habe: der
Geſchmack des Hottentotten würde nicht
ſchlechter ſein, als jener des großen Leſ=
ſing, und die elendeſte Dorfkirche würde
nicht weniger Anſpruch auf unſere Bewun=
derung haben, als der Tempel der Diana
zu Korinth. Das iſt aber ein offenbarer
Widerſpruch. Es läßt ſich wohl Verſchie=
denheit in den Gegenſtänden des Geſchma=
ckes denken; aber nicht Widerſpruch, wenn
von einem und demſelben Gegenſtande die
Rede iſt. Es muß alſo doch wohl einen
Maasſtab des Geſchmackes geben.

§. 32.

Batteux' Meinung hierüber.

Batteux stellet die Natur zum Maaß-
stabe des Geschmackes auf. Wenn die
Nachahmung der schönen Natur das Grund-
gesetz aller schönen Künste ist; so wird der
Geschmack nach dem Grade der Vollkommenheit, welchen die Nachahmung erreicht
hat, bestimmt werden müssen. Dies möchte
angehen, wenn wirklich von Nachahmung
der schönen Natur die Rede ist; da aber
dies nicht bei allen schönen Künsten geschieht; so fällt auch jener Maasstab weg,
weil es ihm an Allgemeinheit fehlet.

§. 33.

Versuch einen bessern Maasstab des
Geschmackes anzugeben.

Wir werden am besten thun, wenn wir
das allgemeine Gefühl gebildeter Menschen
für den Maasstab des Geschmackes erkennen, und den Satz aufstellen: gut ist der
Geschmack, wenn er mit dem allgemeinen
Gefühle gebildeter Menschen übereinstimmt;
schlecht, wenn er mit demselben streitet.

Dieser Satz wird durch die Erfahrung
bestättiget. Gewisse Kunstwerke der Vorwelt,

welt, z. B. Homers Iliade und Virgils Aeneide haben, und werden sich zu allen Zeiten erhalten. Alle, oder doch bei nahe alle gebildete Menschen kommen darinn überein, daß es vortreffliche Werke sind.

So tief und gründlich auch unsere Einsichten in irgend einem Fache der schönen Künste sind; so müssen wir doch am Ende auf den Ausspruch des Gefühles zurücke kommen, wenn wir unser Urtheil über ein Kunstwerk rechtfertigen wollen. Man sage nicht, das allgemeine Gefühl könne gänzlich verdorben werden. Einige Zeit lange kann die Menge vom bösen Geschmacke hingerissen werden; aber die Natur wird doch bald wieder in ihre Rechte eintreten. So hat sich auch wirklich kein schlechtes Werk lange erhalten, so lauten Beifall es auch bei seiner Entstehung hatte.

Zweiter

Zweiter Abschnitt.

Vom Begehrungsvermögen.

§. 34.

Begriff des Begehrungsvermögens.

Unter diesem Worte verstehen wir die Kraft, welche die menschliche Seele besitzt, nach dem Genusse, oder der Entfernung gewisser Empfindungen oder Vorstellungen zu streben. Wir lassen uns auf keine Untersuchung des objektiven Grundes ein, warum einige Empfindungen und Vorstellungen uns angenehm oder unangenehm sind. Diese gehört eigentlich ins Gebiet des Metaphysikers, und des Moralisten. Der Aesthetiker begnüget sich, die allgemeinsten, zu seinem Fache nöthigsten Erfahrungssätze auszuheben, und die Erscheinungen der menschlichen Seele blos in Hinsicht auf den Zweck der schönen Künste zu beobachten.

§. 35.

Gemüthsbewegung. Leidenschaft.

Wir haben aus Armuth der Sprache, oder vielmehr aus Mangel deutlicher und vollständiger Begriffe, die Eigenschaften und Modifikationen der Körper auf geistige Gegen-

genftände übertragen. So nennen wir denn
auch, geleitet von einer dunkeln Analogie,
das Streben der Seele, gewiſſe Empfindungen zu erwecken oder zu entfernen, Gemüthsbewegung. Iſt dieſe von einer
ſanften Art, reizet ſie uns nicht mit Un-
geſtümme zur Thätigkeit; ſo wollen wir ſie
ſchlechtweg Bewegung nennen. Wird
ſie heftig, und treibt ſie uns zu Handlungen an; ſo heißet ſie Leidenſchaft. Der
Anblick einer ſchönen Gegend beweget uns,
der Anblick unſerer Geliebten rühret uns.

**Erklärung von Trieb, Neigung,
Hang.**

§. 36.

Gegenſtände, welche auf das Begehrungsvermögen wirken.

Die Gegenſtände, durch welche die menſchliche Seele beweget wird, können körper-
lich oder geiſtig ſein. Die Bewegungen
entſtehen nicht allein zur Zeit, da die Gegenſtände wirklich auf unſere Organen Eindruck machen, ſondern auch, wiewohl in
geringerem Maaſe, wenn die Vorſtellungen davon durch das Gedächtnis, oder durch
die Einbildungskraft erwecket werden.

§. 37.

Entstehung der Leidenschaften.

Leidenschaften entstehen aus lebhafter, aber nicht deutlicher Erkenntnis des Guten oder Bösen. Wer Jemand schrecken will, sucht ihm die Gefahr so lebhaft als möglich zu schildern. Unsere Leidenschaften wachsen, je länger und lebhafter wir den Gegenstand derselben anschauen. Sobald die sinnliche Anschauung in deutliche Erkenntnis übergeht, schwindet auch die Leidenschaft.

§. 38.

Eintheilung der Leidenschaften.

Eine Leidenschaft ist entweder mit der Vorstellung unserer Vollkommenheit, oder mit der Vorstellung unsrer Unvollkommenheit verbunden. Im ersten Falle ist sie **angenehm**, im zweiten **unangenehm**.

§. 39.

Angenehme Leidenschaften.

Zu der Klasse der angenehmen Leidenschaften gehören vorzüglich die Freude, die Fröhlichkeit, die Liebe, die Hoffnung.

§. 40.

§. 40.

Freude.

Durch Freude verstehen wir jene heftige Bewegung, welche durch die Erlangung eines positiven Guts in unserm Innern entsteht.

§. 41.

Fröhlichkeit.

Diese bezieht sich auf ein Uebel, von welchem wir befreiet worden. Un ere Empfindung ist in diesem Falle nicht anz dieselbe, wie beim Genusse eines positiven Guts. Selbst der Sprachgebrauch unterscheidet zwischen beiden.

§. 42.

Liebe.

Liebe ist ein mit Wahrscheinlichkeit des guten Erfolges verbundenes Bestreben, uns mit jenen vernünftigen Wesen zu vereinigen, an denen wir Vollkommenheiten erkennen, oder von denen wir Merkmale des Wohlwollens erhalten haben.

§. 43.

Hoffnung.

Hoffnung nennen wir jene Leidenschaft, welche durch wahrscheinliche Erwartung eines

eines zu erlangenden positiven oder negati=
ven Gutes in uns erreget wird.

* Die bisher gegebenen Erklärungen sind
eigentlich nur genetisch; die weitere Aus=
führung derselben wird theils aus der
Anthropologie vorausgesetzt, theils dem
mündlichen Vortrage überlassen.

§. 44.

Unangenehme Leidenschaften.

Die bisher angeführten Leidenschaften
setzen nicht nur die Seele in einen ange=
nehmen Zustand; sondern verbreiten auch,
wenn sie anders das Maas nicht überstei=
gen, durch den Körper die wohlthätigsten
Wirkungen. Wie oft haben sie nicht Kranke
geheilt, bei denen alle Geheimnisse der Heil=
kunde fruchtlos waren! — Die unangeneh=
men Leidenschaften hingegen zerstören die
Gesundheit der Seele und des Körpers zu=
gleich. Zu ihnen gehören die Traurigkeit,
die Niedergeschlagenheit, die Verzweiflung,
die Furcht, der Schrecken, der Zorn, die
Indignation, die Rachgier, die Scham
und die Reue.

§. 45.

Traurigkeit.

So nennen wir jenen Zustand der Seele,
welchen die Vorstellung eines Gutes, das

wir

wir verloren haben, oder eines Uebels, das
wir dulden, in uns erzeuget.

§. 46.
Niedergeschlagenheit.

Bleibt die Seele in diesem Zustande uns
thätig, fühlet sie sich weder Kraft noch
Muth genug das verlorene Gut wieder zu
erobern, oder das Uebel, was sie duldet,
zu entfernen; so ist dies Niedergeschla=
genheit.

§. 47.
Verzweiflung.

Ueberzeugt sie sich endlich ganz von ihrem
Unvermögen, das verlorene Gut wieder zu
erobern, oder das Uebel, was sie duldet,
oder fürchtet, zu entfernen; so heißet ihr
Zustand Verzweiflung.

§. 48.
Furcht.

Der Hoffnung stehet die Furcht entge=
gen. Mit diesem Worte bezeichnen wir
jenen unangenehmen Zustand, welchen die
wahrscheinliche Erwartung, daß wir ein
Gut verlieren, oder ein Uebel dulden sol=
len, in unserer Seele bewirket.

§. 49.

§. 49.
Schrecken.

Entstehet die Furcht unvermuthet, wird sie von heftigen Erschütterungen der äussern Sinne, besonders des Auges und des Gehöres begleitet; so betäubet sie oft die ganze Seele, lähmet die Nerven des Körpers, und bewirket ein gewaltsames Zurücktreten der Säfte in die innern Theile desselben. Schrecken ist der Name dieser Leidenschaft.

§. 50.
Zorn.

Jenen mit rascher Aufwallung unserer Säfte, und heftigen, oft konvulsivischen Bewegungen unseres Körpers verbundenen Zustand, in welchen uns ein erkanntes Unrecht versetzt, nennen wir Zorn.

§. 51.
Rachgier. Rachsucht.

In diesem Zustande werden wir gemeiniglich versucht, unserem Beleidiger das Unrecht zurücke zu geben, uns zu rächen. Daraus erhellet, was Rachgier, und Rachsucht sei.

§. 52.

§. 52.

Indignation.

Fühlen wir ein physisches oder moralisches Unvermögen uns zu rächen; so entsteht in uns eine besondere Art des Zornes, welchen die Lateiner Indignatio nennen. Eine der kränkendsten Leidenschaften, und besonders in Trauerspielen wirksam.

§. 53.

Haß.

Ein anhaltender Unwillen wider Jemand, verbunden mit dem Bestreben, oder doch mit dem Wunsche, seine Glückseligkeit zu zerstören, heißet Haß.

§. 54.

Unglückliche Liebe.

Wir haben oben die Liebe unter die angenehmen Leidenschaften gesetzt, und sie verdient es auch; so lange sie blos als Liebe betrachtet wird. Wird sie aber durch Untreue, Entfernung, unübersteigliche Hindernisse, und andere zufällige Ereignisse gekränket; so verwandelt sich die Huldgöttin in eine Furie, welche Leib und Seele zu Grunde richtet. Auch diese hat in der Geschichte

schichte der Welt immer die wichtigsten Rollen gespielt. Und der Künstler, welcher
Szenen aus der sittlichen Welt schildern
will, muß sie tief studieren.

§. 55.

Scham.

Zu den unangenehmen Leidenschaften gehöret noch die Scham, oder der Verdruß,
welcher aus dem Gefühle einer unschickli-
chen, oder verächtlichen Handlung oder Eigenschaft entspringet. Sie ist kränkender,
wenn wir fürchten, von andern entdeckt zu
werden, oder es wirklich sind.

§. 56.

Reue.

Eine verwandte Leidenschaft ist die Reue,
welche sich mehr auf schädliche, als auf
schändliche Handlungen beziehet. Wir
schämen uns einer Thorheit, weil sie uns
lächerlich macht: wir bereuen sie, weil wir
ihre schädlichen Folgen einsehen, fürchten,
oder wirklich empfinden.

§. 57.

§. 57.

Unangenehme Leidenschaften können angenehm werden.

Die bisher aufgezählten Leidenschaften haben wir unangenehm genannt. Sie sind es auch; aber nur alsdenn, wenn sie in unserer eigenen Sache empfunden werden. Denn werden sie nur durch die Kunst erweckt, und steigen sie nicht zu dem Grade von Heftigkeit, daß sie das Bewußtsein, wir seien nur Zuhörer, Zuschauer, nicht wirkliche Theilnehmer an dem, was vorgeht, in uns ersticken; so vermischen sie sich mit andern angenehmen Empfindungen, und werden uns alsdenn theurer, als selbst solche Leidenschaften, welche ihrer Natur nach zu den angenehmen gehören. Wir wissen z. B., wenn wir die Beschreibung eines Sturmes lesen, daß wir in Sicherheit sind; wir fühlen die Stärke unserer Einbildungskraft, welche uns den Sturm darstellt, und überhaupt die Thätigkeit unserer Seele: wir interessiren uns für die Unglücklichen, und obgleich wir mit ihnen weinen; so schmecken wir doch auch ein heimliches edles Vergnügen, indem wir fühlen, daß unser Herz gut ist, und an den Leiden unserer Mitgeschöpfe Theil nehmen kann. Die Furcht, der Schrecken, der Zorn, und die

die übrigen Leidenschaften, welche ein Theaterstück in uns erweckt, sind weit von dem unterschieden, was wir bei Erwartung eigener Gefahr, und Erduldung eigener Leiden empfinden.

Suave mari magno, turbantibus æquora
                  ventis,
E terra alterius magnum spectare periclum;
Non quia vexari quemquam est jucunda vo-
                  luptas,
Sed quibus ipse malis careas, quia cernere
                  suave est.

                LUCRETIUS.

—————— When the patriot's tear
Starts from thine eye, and thy extended arm
In fancy hurls the thunderbolt of Jove,
To fire the impious wreath on Philip's brow,
Or dash Octavius from his trophied car;
Say: does thy secret soul repine to taste
The big distress? Or wouldst thou then ex-
                change
Those heart - ennobling sorrows for the lot
Of him, who sits amid the gaudy herd
Of mute barbarians, bending to his nod,
And bears aloft his gold - invested front,
And says within himself: I am a king!
And wherefore should the clam'rous voice
                of woe
Intrude upon my ear?

              Ackenside. Pleasures of
              Imagination.

                §. 58.

§. 58.

Vermiſchte Leidenſchaften.

Es giebt alſo nebſt den angenehmen und
unangenehmen Leidenſchaften noch andere,
welche eine Miſchung von beiden enthalten.
Unter dieſen ſtehet das Mitleiden oben an.
In ſoferne es aus der Vorſtellung des Un-
glückes entſteht, welches unſere Brüder
drücket, erregt es Misfallen; aber es erweckt zugleich angenehme Empfindungen
durch das Bewuſtſein unſerer Sicherheit,
durch den Gedanken, daß wir Menſchen-
freunde ſind, und überhaupt durch Erweiterung unſeres Selbſtgefühls.

Auch die Liebe, wenn ſie ſchmachtet, und
die Hoffnung, wenn ſie noch mit ſchweren
Hinderniſſen kämpfet, gehöret zu der Klaſſe
der vermiſchten Leidenſchaften.

§. 59.

Zu welcher Klaſſe der Stolz gehöret.

Der Stolz wird gemeiniglich als eine
angenehme Leidenſchaft angeſehen. Er iſt
es aber nicht; ſondern eine vermiſchte. In
ſoferne er ſeine eigenen Vorzüge betrachtet,
iſt er angenehm; in ſofern er aber zugleich
auf die Unvollkommenheiten andern blicket,

D   iſt

ist er unangenehm. Eben so der Hochmuth,
die Eitelkeit, die Ruhmsucht u. s. w.

§. 60.

Vorzug der vermischten Leidenschaften vor
den reinen, in ästhetischer Rücksicht.

Reine, d. i. ganz angenehme, oder ganz
unangenehme Leidenschaften taugen für den
Künstler weniger, als vermischte. Das
Einerlei ermüdet selbst in der Freude: eine
Mischung von Schatten und Licht, von
Süße und Bitterkeit, von Genuß und
Hindernis muß es überall geben, wo man
den Endzweck hat, die Kräfte der menschlichen Seele zu beschäftigen, das heißt,
zu ergötzen. Eine Wahrheit, die der Künstler bei der Wahl seines Stoffes, und der
Grundzeichnung seiner Charaktere nie genug beherzigen kann.

* S. Mendelsohn über die Empfindungen.

§. 61.

Einfluß der Leidenschaften auf unsere
Meinungen und Urtheile.

Eben so wichtig ist für den Künstler die
Kenntnis des mächtigen Einflusses, welchen die Leidenschaften auf unsre Vorstel-
lungs-

lungsart, Meinungen und Urtheile haben. Sie umnebeln den Verstand, und hindern ihn, die wahren Eigenschaften der Dinge zu erkennen. Sie stellen uns die Gegenstände nur einseitig dar, ja sie zeigen uns diesel= ben oft, wo sie gar nicht existiren. Man weis die Geschichte jenes Pfarrers, der an der Seite einer schönen Dame mit dem Fernglase in den Mond guckte. Er ent= deckte darinn zwei Kirchthürme, welche die Dame für zwei Verliebte hielt, die sich zur zärtlichen Umarmung gegeneinander neig= ten. Wir glauben alle gerne, was wir wünschen: wir übertragen die Farbe unse= rer herrschenden Leidenschaft auf alle Ge= genstände, die sich unserem Verstande dar= bieten. Die Hoffnung vermindert und zer= nichtet alle Hindernisse, die ihr im Wege stehen: die Furcht erschaffet Gespenster und Gottheiten: die Freude söhnet uns mit allen Unvollkommenheiten des Universums aus: die Traurigkeit hüllet die reizendsten Ge= filde in dunkle Schatten. Ueberhaupt ist die Geschichte der menschlichen Meinungen mit der Geschichte der menschlichen Leiden= schaften innigst verwebt. Der Künstler, welcher die letztere entwickeln und darstel= len will, muß den Einfluß der erstern sorg= fältig beobachten.

* Helvetius De l'Esprit I, 2. Home Grundsätze der Kritik. Kap. 2.

§. 62.

Einfluß der Leidenschaften auf unsere Handlungen.

Die Leidenschaften sind die stärksten Trieb=
federn unserer Handlungen: sie beschleichen
selbst den Weisen, und bestimmen ihn zu
solchen Handlungen, zu denen er Mühe ge=
nug hat, in der Vernunft Gründe aufzu=
suchen. Wehe dem Künstler, der die Wirk=
samkeit der Leidenschaften, und ihren oft
versteckten Einfluß nicht zum vorzüglichen
Gegenstande seiner Beobachtungen macht!
Wie wird ein solcher im Stande sein, Wahr=
heit in sein Gemälde, sein Schauspiel, sei=
ne Erzählung u. s. w. zu bringen! Wo
wird er den Schlüssel zu den Begebenhei=
ten, die er bearbeitet, wo den Faden fin=
den, der ihn durch die mannigfachen Krüm=
mungen der menschlichen Handlungen füh=
ren muß?

§. 63.

Verwandtschaft der Leidenschaften.

Unter den Leidenschaften herrschet eine
Art von Verwandschaft, welche sich vor=
züglich auf die Gesetze der Ideenverbindung
gründet. Sie gleichen den Farben, welche
durch allmählige Nuancen ineinander über=
gehen.

gehen. Aus Begierde quillt Hoffnung, aus
Freude Menſchenliebe. Mitleiden erzeuget oft Freundſchaft, und zärtliche Liebe.

* Home Grundſätze der Kritik. Kap. 2.

§. 64.

Sympathie.

So haben auch unſere Leidenſchaften,
gewiß aus wohlthätigen Abſichten des
Schöpfers, eine Art von anſteckender Kraft,
durch welche ſie, oft unwillkührlich, von
einem Herzen in das andere übergehen.
Ein heiteres Auge verbreitet Vergnügen
über eine ganze Geſellſchaft. Ein finſteres
Geſicht verſetzet einen ganzen Zirkel von
Menſchen in trauriges Nachdenken. Ein
Fanatiker ſetzet Völker in Flammen. Wir
zittern über die Gefahr eines unvorſichti-
gen Jünglings, wenn wir ſie auch nur in
Romanen leſen. Ein entſchloſſener Feldherr hauchet ſelbſt dem Feigſten ſeiner Krieger Muth und Patriotismus ein. Unſere
Empfindung gehet oft, wie ein electriſcher
Funke, durch einen Händedruck in andere
über. Worinn der Grund dieſer Erſcheinungen liege, mögen uns die Philoſophen
ſagen, wenn ſie es wiſſen; daß ſie aber
wirklich ſind, das wiſſen wir alle, und
daß

D 3

daß sie der Künstler fleißig beobachten müsse,
bedarf wohl keines Beweises.

§. 65.

Zeichen der Leidenschaften.

Die Leidenschaften drücken sich durch unverkennbare Zeichen in unserem Gesichte,
in unsern Geberden und Bewegungen aus.
Selbst Tartüffe und ausgelernte Höf-
linge können die wohlthätigen Riße, welche der Schöpfer in die menschliche Seele
gemacht hat, nicht ganz verstopfen. Jeder Affekt hat seine eigene Sprache, durch
die er sich verräth. Die Furcht und der
Schrecken treiben das Blut von den äussern
Theilen des Körpers mit Gewalt aufs Herz
zurücke, und verursachen Bläße im Gesichte, und Zittern in den Gliedmaßen.
Die Traurigkeit drückt uns zu Boden:
Alles hängt an dem Traurigen und sinket
ein: der Kopf fällt matt und schwer gegen
die Seite des Herzens; alle Junkturen des
Rückens, des Nackens, der Arme, der
Finger, der Kniee, sind schlaffe; die Wangen welk, die Augen auf den traurigen Gegenstand hingeheftet, oder wo dieser abwe-
send ist, zu Boden geschlagen. Die Freude funkelt aus unserm Auge, und treibet
das Blut in die feinsten Blutröhrchen, die

unter

unter der Haut des Gesichtes verborgen liegen. Die Schamhaftigkeit überziehet uns,
manchmal am ganzen Leibe, mit Purpur.
Die Liebe schmachtet unverkennbar im Auge
des zärtlichen Jünglings. Wenn Gegenstände der Liebe uns vor Augen sind; so
bringen sie in unserem Körper, nach Bur-
ke's Beschreibung, folgende Bewegungen
und Wirkungen hervor. Der Kopf beugt
sich etwas auf die eine Seite, die Augen-
lieder sind mehr als gewöhnlich geschlossen,
das Auge bewegt sich ruhig mit einiger Richtung gegen den Gegenstand; der Mund ist
ein wenig geöffnet; man athmet langsam,
und dann und wann mit einem tiefen Seuf-
zer; der ganze Körper ist in sich gekehrt,
und die Hände sinken nachläßig zur Seite.
Alles dieses wird mit einer innern Empfindung von Ohnmacht und Mattigkeit begleitet. Wer kennet nicht das Feuer, das
aus den Augen des Erzürnten sprühet, und
den Schaum, denn die Erbitterung aus-
geifert? Der verbissene Gram, wie eigentlich hat er diese Benennung erhalten! Die
Verzweiflung reisset dem Unglücklichen die
Haare in die Höhe, verzerret den Blick, und
jede Muskel des Gesichtes. Sanftes Mitleiden malet sich im verlängerten Gesichte,
und im freundlich trauernden Auge. Und
so von allen Leidenschaften.

D 4   §. 66.

§. 66.

Eintheilung der Zeichen nach Engel.

Ich habe in diesem §. Engels Mimik benutzt. Dieser scharfsinnige Forscher theilet die Zeichen der Leidenschaften in drei Klassen ein, 1.) Absichtliche Zeichen, 2.) analoge Zeichen, 3.) physiologische Zeichen. Absichtlich nennt er diejenigen, deren sich der Mensch bedienet, seine Triebe und Leidenschaften zu befriedigen, z. B. das Hinneigen gegen den zu beachtenden Gegenstand, der feste angreifende Stand des Zorns, die ausgestreckten Arme der Liebe, die vorgeschlagenen Hände der Furcht und des Schreckens.

Andere Geberden sind nachahmend; nicht das Objekt des Denkens, aber die Fassung, die Wirkungen, die Veränderungen der Seele malend; und diese führen bei Engel den Namen der analogen. Theils haben diese analogen Geberden ihren Grund in dem Triebe der Seele, unsinnliche Ideen auf sinnliche zurücke zu führen, und also auch ihre eigenen unsinnlichen Wirkungen, sobald sie lebhafter werden, durch ähnliche, sinnliche, figürlich nachzubilden; wie, wenn man eine Idee, der man seinen Beifall versaget, mit verwandter Hand gleichsam weg=
weiset,

weiſet, zurückſchiebt: theils haben ſie ih=
ren Grund in dem natürlichen Einfluß der
Ideen aufeinander, in der Kommunikation
zwiſchen den beiden Regionen der klaren
und dunkeln Ideen, die einander wechſel=
ſeitig zu lenken und zu modificiren pflegen.
So z. B. ſtimmt die Ideenfolge den Gang,
daß er bald träger, bald raſcher, bald fe=
ſter, bald ſchleichender, bald gleichförmi=
ger, bald ungleichförmiger wird. Der
Gang erfolgt nach dunkeln Ideen, die den
Willen ſtillſchweigend lenken, und die das
Geſetz ihrer Folge von den jetzt herrſchen=
den klaren nehmen: jene leiden durch den
Einfluß von dieſen; dieſe durch den Ein=
fluß von jenen. Daher hat jede eigenthüm=
liche Sinnesart, jede innere Bewegung und
Leidenſchaft ihren unterſcheidenden Gang,
und es läßt ſich von allen Charakteren im
Allgemeinen ſagen, was die Gemahlinn
des Herkules von Lykus ſagt: (*)

— Qualis animo eſt talis inceſſu.

Noch andere Geberden ſind unwillführ=
liche Erſcheinungen, die zwar freilich phy=
ſiſchen Wirkungen der innern Gemüthsbe=
wegungen ſind, die wir aber in der That
nur als Zeichen begreifen; als Zeichen,
welche die Natur durch geheimnißvolle Ban=
de ... an ...

* Senec. Trag. Herc. fur. Act. II. Sect. 2.

de mit den innern Leidenſchaften verknüpfet.
hat; damit, ſagt Haller, im gemeinen.
Leben ein Menſch den andern nicht leicht
betrügen könne.

Noch hat uns Niemand auf befriedigen=
de Art erkläret, warum traurige Ideen auf.
die Thränendrüſen, lächerliche auf das.
Zwerchfell wirken; warum die Angſt un=
ſere Wangen entfärbt, die Scham ſie.
röthet! Alle dieſe Geberden faſſet Engel
unter dem gemeinſchaftlichen Namen der
phyſiologiſchen zuſammen.

Wenn es auch dieſer Eintheilung an lo=
giſcher Genauigkeit fehlet; ſo hat ſie doch
guten Nutzen, als Klaſſiſikation ſolcher Ge=
genſtände, deren wahre Eintheilung erſt
nach weitern Unterſuchungen und Vergleis
chungen kann gefunden werden.

* Siehe auch Home Kap. 15.

§. 67.
Beſchluß dieſes Abſchnittes.

Die Abhandlung von der Natur der
menſchlichen Leidenſchaften, von ihrem Ein=
fluſſe auf unſere Vorſtellungen und Hand=
lungen, von ihrer anſteckenden Kraft, und
von ihren Zeichen würde weitläufiger ge=

worden

worden sein, wenn es die Absicht eines
Kompendiums erlaubte. Zum Glücke fehlt
es uns nicht an reichhaltigen Hülfsquellen.
Siehe Aristoteles Moral. Home's
Grundsätze der Kritik 2tes und 15tes Haupt=
stück. Rößer Anthropologia §. 50—
72. Feders Untersuchungen über den
menschlichen Willen. Schmidts Ge=
schichte des Selbstgefühls. Helvetius
De l'Esprit. Disc. 1. Und vorzüglich
Zückert in seinem schätzbaren, auch für
den Aesthetiker wichtigen Werkchen, von
den Leidenschaften.

Drittes

Drittes Hauptstück.

Von der äſthetiſchen Kraft, und deren Quellen.

§. 68.
Aeſthetiſche Kraft.

Mit dieſem Namen bezeichnen wir diejenige Eigenſchaft eines Gegenſtandes, Gedankens, Ausdrucks, vermittelſt welcher
eine Vorſtellung ſinnlicher Vollkommenheit,
oder was eben ſo viel iſt, eine angenehme
Empfindung in uns erreget wird.

§. 69.
Schönheit.

Die vorzüglichſte äſthetiſche Kraft iſt
Schönheit, im ängern Sinne des Wortes. (Siehe oben §. 9.) — Die größten
Philoſophen haben ſich bisher vergeblich be-
müht, das Weſen der Schönheit zu beſtimmen. Wir fühlen ſie, aber wir können ſie
nicht erklären. Laſſet uns indeß verſuchen
wenigſtens einiges Licht über ihre Myſterien
zu verbreiten. Zu dieſem Ende wollen wir
zuerſt die verſchiedenen Meinungen der alten und neuen Philoſophen darüber hören.

§. 70.

Geschichte der Meinungen von der
Natur des Schönen.

Unter den ältesten Philosophen hat es
keiner gewagt, wenigstens ist es keinem ge-
lungen, die Natur des Schönen zu bestimmen. Plato hat in seinem Phädrus und
Hippias einzelne gute Bemerkungen gemacht, welche aber mehr den natürlichen
Hang zum Schönen, als die Schönheit
selbst betreffen. Eben dies gilt von Cicero;
der wohl empfand was Schönheit sei, aber
die Natur derselben nirgends erkläret. —
Longin hat in seiner Abhandlung über
das Erhabene einige Gedanken von dem
Schönen hin und her zerstreuet. Doch
scheinen diese mehr auf die Schönheit im
allgemeinen Sinne des Wortes (§. 9), als
auf jene, von welcher hier die Rede ist,
anwendbar zu sein. Denn er stellet folgenden Grundsatz als den Maasstab des Schönen auf: „Schön ist, was Allen gefallen
muß; häßlich, was Allen misfallen muß‟.
Auch ein Kirchenlehrer, was man nicht
glauben sollte, hatte Gefühl für die Schönheit, und suchte sich einen Begriff davon
zu bilden. Augustin wußte die zwei
Sätze: „Es gefällt etwas, weil es schön
ist‟, und: „Etwas ist schön, weil es ge-
fällt‟,

fällt‟, wohl voneinander zu unterscheiden, und erklärte den letzten für unrichtig. Er glaubte das Wesen der Schönheit bestehe in der Einheit. Dadurch setzte er, nach unserer Meinung, dem Begriffe von Schönheit zu enge Schranken.

§. 71.

Fortsetzung.

Unter den Neuern hat Wolf in seiner Metaphysik den Begriff von Schönheit auseinander zu setzen gesucht. Er legt als ganz richtig zum Grunde, schön sei, was gefällt; häßlich, was misfällt; der Grund aber, warum etwas gefällt oder misfällt, sei Vollkommenheit oder Unvollkommenheit, daher gebe es wahre und blos scheinende Schönheit.

Erousaz schrieb eine Abhandlung über das Schöne, worinn er auf den nämlichen Grundsatz, wie Wolf, baute, nur mit dem Unterschiede, daß er die Eigenschaften, welche Gefallen bewirken, zu sehr vervielfältigte, und dadurch den Begriff von Schönheit durch überhäufte Merkmale unbrauchbar machte. Nach seiner Theorie gehören zur Schönheit Mannigfaltigkeit, Ein-

Einheit, Regelmäßigkeit, Ordnung und
Proportion.

> * S. Traité du Beau, où l'on montre,
> en quoi consiste ce que l'on nomme ainsi
> par des Exemples tirés de la plupart des
> Arts & des sciences par J. P. de Crou-
> saz. 1714.

§. 72.

Fernere Fortsetzung.

Hutcheson unterscheidet das absolute
und relative Schöne voneinander. Er betrachtet das relative Schöne nicht in Beziehung auf das Subjekt; sondern sieht die
Schönheit durchgehends als eine objektive
Eigenschaft an. Er heißt das Absolut-
schön, was in sich, und nicht als Nachahmung von etwas anderm schön ist, und
setzt das Wesen davon in der Einförmigkeit, die in dem Mannigfaltigen angetroffen wird. Relativschön heißt er das,
was nicht für sich, sondern als Nachahmung, und folglich in Beziehung auf sein
Original schön ist. Das Wesen der relativen Schönheit besteht daher, nach seiner
Meinung, in der Aehnlichkeit des Nach-
bildes, oder der Nachahmung mit dem Vor-
bilde, oder mit dem Original. Seinen
ersten Satz von der absoluten Schönheit
sucht er durch Beispiele zu beweisen, die

alle

alle dahin gehen, daß Mannigfaltigkeit
ohne Einförmigkeit ermüdend, Einförmig=
keit ohne Mannigfaltigkeit aber zu trocken,
zu wenig unterhaltend sei. Aus dem Be=
griffe von relativer Schönheit folgert er,
daß sie ohne absolute bestehen könne, daß
aber auch beide sich beisammen finden könn=
ten, und daß die absolute Schönheit all=
zeit mehr gefallen müsse, als die relative 2c.
Er nimmt in seinem System von der Schön=
heit einen eigenen Sinn für das Schöne
an, den er der den innern Schönheitssinn
nennet.

Andre hat in seinem Versuche über das
Schöne (Essay sur le Beau par le P.
André Jesuite 1741.) den generischen
Begriff von Schönheit nicht angegeben,
und hat nur in vier Hauptstücken die leh=
ren vom sichtbaren Schönen, vom
Schönen in den Sitten, vom Schö=
nen in den Werken des Geistes, und
vom musikalischen Schönen abgehandelt.
Jede dieser besondern Schönheiten theilt er
in die wesentliche, natürliche, und künst=
liche Schönheit. Dies wesentliche Schö=
ne besteht nach ihm in der Ordnung, Re=
gelmäßigkeit, Proportion und Symmetrie,
und ist auch von dem höchsten Wesen un=
abhängig. Das natürliche Schöne, und

das

das künstliche Schöne müssen nach seiner
Meinung die nämlichen Grundbestimmun-
gen haben; das erste bleibt zwar nicht mehr
von der Einrichtung des Schöpfers, aber
doch von unserer Willkühr, und das letzte
auch von unserer Willkühr nicht mehr uns
abhängig.

Boileau und Dü Bos halten es in
der Hauptsache mit Longin. Baum-
garten setzet das Wesen der Schönheit in
der sinnlichen Vollkommenheit, oder in der
sinnlichen Mannigfaltigkeit, und sinnlichen Einheit. Sulzer gehet von dem
Grundsatze aus: „Alles, was schön ist, gefällt; aber nicht Alles, was gefällt, ist schön‟.
Er theilet hierauf Alles was gefällt in drei
Klassen. Zur ersten Klasse rechnet er Dinge,
die gefallen, oder Vergnügen erwecken, ob
wir gleich von ihrer Beschaffenheit keinen
Begriff haben, z. B. die Gegenstände des
Gaumens, des Gefühls. Diese verursachen blos einen angenehmen Reiz, an dem
die Ueberlegung, und die Kenntnis der Beschaffenheit des Gegenstandes, der ihn ver-
ursachet, nicht den geringsten Antheil haben.
Im Grunde haben wir in diesem Falle nicht
an der Sache, die uns das Vergnügen macht,
sondern blos an der Empfindung, welche dadurch bewirkt wird, unser Wohlgefallen.

E   Diese

Diese Dinge haben eine unmittelbare, oder
doch nahe mittelbare Beziehung auf unsere
Bedürfnisse, und werden eigentlich gut
genennet. Zur zweiten Klasse rechnet Sulzer
Dinge, die nicht eher zerfallen, bis man
sich eine deutliche Vorstellung von ihrer Beschaffenheit gemacht hat. In diese Klasse
gehört alles, was durch Vollkommenheit
gefällt. Die dritte Klasse, welche das
eigenthümliche Schöne ausmacht, liegt
zwischen den beiden vorhergehenden in der
Mitte. Die Beschaffenheit schöner Gegenstände reizen unsere Aufmerksamkeit; aber
ehe wir sie deutlich erkennen, empfinden
wir schon ein Wohlgefallen daran.— Sulzer scheinet überhaupt unglücklich gewesen
zu sein, so oft es auf Bestimmung ästhetischer Begriffe ankam. In den Beschreibungen war er glücklicher.

* S. allgem. Theor. der sch. K. Art. Schön.

Schäftesbury betrachtet das Schöne als eine besondere Art des Nützlichen,
aus dem Grunde; daß wahre Schönheit
auch zugleich nützen müsse, und daß bloses
Wohlgefallen kein würdiger Endzweck der
schönen Künste sei. — Home hat sich in
seinen Grundsätzen der Kritik (Th. I. Kap.
3.) viele Mühe gegeben, das System derjenigen zu widerlegen, welche Einheit und
Mannig-

Mannigfaltigkeit für die wesentlichen Bestandtheile des Schönen halten: Er führet zu diesem Ende verschiedene Beispiele
an, auf welche sich jene Theorie nicht wohl
anwenden läßt. Nach seiner Meinung
hängt das Schöne beinahe ganz von dem
erkennenden Subjekt ab, die Sachen sind
nur deswegen schön, weil sie dem Zuschauer
schön vorkommen, das Wesen der schönen
Künste darf man gar nicht in der Vollkommenheit der Werke, sondern in dem emp-
findenden Theil des Menschen aufsuchen.—
Home scheint hier glücklicher im Nieder-
reissen als im Aufbauen gewesen zu sein.

Riedel vertheidigt gegen Home die
gewöhnliche Erklärung vom Schönen; doch
bedient er sich derselben nur zum Leitfaden
seiner Untersuchungen, und gestehet, daß
Schönheit besser empfunden als bestimmt
werden könne.

* S. Theor. der sch. K. und W; Abschn. 3.
Seite 33. 34.

Bonnet leitet das Vergnügen am
Schönen von der Mannigfaltigkeit der Beziehungen, von der Einheit der Wirkung
und von der Nützlichkeit des Zweckes her.
Aus diesen Bestimmungen bildet er den allgemeinen Begriff vom Schönen. Unter

E 2　　den

den Beziehungen verstehet er die Verwandt=
schaft verschiedener Empfindungsfiebern.

* S. Essay analytique sur les facultés de
l'ame. Chap. 17. §. 366; 367. 367.

Tiedemann giebt in seinen Apho=
rismen über die Empfindnisse drei Grund=
gesetze an, nach welchen alle Empfindnisse
angenehm werden.   1.) Für die Sensa=
zionen.   „Eine fortdaurende Sensazion,
wird durch diejenige Verbindung ihrer Thei=
le, vermöge welcher der vorhergehende Ein=
druck leicht in den folgenden übergeht, an=
genehm".   2.) Für die Denkkraft. „Die=
jenige Folge von Gedanken, worinn die
Aufmerksamkeit immer erhalten, und auf=
gemuntert, und dabei zweckmäßig von einem
Theile zum andern geleitet wird, ist ange=
nehm".   3.) Für die Begehrungskraft.
„Alles, was unser Selbstgefühl und un=
sere Sympathie beschäftigt, ist angenehm".

Aus diesen Gesetzen sucht er alles Ge=
fallen an schönen Gegenständen zu erklären;
insbesondere macht er von dem Gesetze der
Sensazionen folgende sehr richtige Anwen=
dung auf die Gegenstände des Gesichts und
des Gehörs: „Das Sehen, sagt er, ist eine
Art des Fühlens; denn so wie man bei dem
Betasten die Spitze der Finger an dem Ge=
gen=

genſtande hinbewegt; ſo bewegt man beim
Sehen die Augenachſe an der Auſſenlinie
fort. So wie es alſo dem Gefühle unan=
genehm iſt, auf einer ganz höckrichten Fläche
ſich hin und her zu bewegen, langweilig an
einer platten, aber ganz ebenen Fläche her=
zufahren, angenehm endlich an einer ſanft
gewellten bewegt zu werden; ſo muß es
auch dem Auge unangenehm ſein, ſehr un=
ebene und höckerichte linien, langweilig
ganz gerade, angenehm aber wellenförmige
linien zu ſehen".

„Ferner da die einzelnen Theile einer
zu höckerichten linie nicht ſo ſchicklich ver=
bunden ſind, daß die vorhergehende Senſa=
zion ſich allmählig in die folgende auflöſen
könne, da die Theile einer ganz geraden li=
nie alle einerlei Senſazion geben; da end=
lich die Theile der Schlangenlinie, verſchie=
dene auf das bequemſte verknüpfte Senſa=
zionen erregen; ſo ſieht man, warum nach
dem oben angeführten Geſetze die beiden er=
ſten nicht angenehm, die letztere aber allein
angenehm ſein müſſe".

„Die Formen der Körper nehmen alſo
ihren angenehmen Eindruck von den ſchlan=
genförmig zuſammen vereinigten Auſſen=
linien her ꝛc. Eine perpendikulär herab=

fal=

fallende Stirne kann nicht gefallen, nicht
weil hierinn kein Ausdruck von Verstand,
oder von Schicklichkeit liegt; (denn man
sieht nicht, warum nicht auch Verstand in
einem idealisch schönen Kopfe wohnen könn=
te) sondern weil alsdann die Nase sich ge=
gen die Stirne so sehr erhebt, daß die fort=
laufende Linie des Profils dadurch zu höcke=
richt, und dem Auge unangenehm wird.
Ein zu tiefer und zu scharfer Einschnitt zwi=
schen der Nase und der Stirne gehört für
keinen schönen Kopf, weil dadurch gleich=
falls das sanft Abwechselnde in dem Fort=
laufen der Profillinie verloren geht. Man
wende diesen Grundsatz auf alle übrige ein=
zelne Stücke eines wirklich schönen Kopfs
an, und man wird sich von den Ursachen
des Gefallens genugthuende Rechenschaft
geben können".

„Wenn einige Farben mehr gefallen,
als andere; so entsteht dies aus wesentli=
chen, oder aus zufälligen Ursachen. We=
sentliche Ursachen sind das Verhältnis der
Farben zum Auge: daher hat das Grüne
unter allen Farben die meisten, das Hell=
gelbe die wenigsten Liebhaber; das erste be=
wegt die Sehenerven sanft; das letztere reizt
sie zu sehr; daher sind schwachen Augen
mattere, starken bessere Farben angenehm".

„Zu=

„Zufällige Ursachen sind, daß gewisse Farben, weil wir sie bei geliebten oder verhaßten Personen, bei angenehmen oder unangenehmen Gelegenheiten vorzüglich gesehen; weil wir durch gewisse bürgerliche Konvenzionen Ideen von Würde oder Niedrigkeit damit verbunden haben, u. s. w." Auf eine ähnliche Art macht Tiedemann die Anwendung auf die Gegenstände des Gehörs.

§. 73.
Morizens neue Theorie.

Im vorigen Jahre gab Herr Professor Moriz eine Schrift heraus, unter der Aufschrift: Ueber die bildende Nachahmung des Schönen. Darinn suchet er zuerst die Begriffe Gut, Nützlich, Edel, und Schön zu bestimmen. Das Nützliche stehet dem Schönen und Edlen mehr entgegen, als das Gute, welches von jenem zu diesem den Uebergang bahnt. Nützlich ist ein Mensch, der unsere Aufmerksamkeit in Beziehung auf irgend einen Zusammenhang außer ihm; gut ein solcher, welcher sie an und für sich selbst betrachtet, auf sich ziehet, und unsere Liebe gewinnt; indem wir glauben, er werde, seinem innern Fond von Güte nach, unsern Frieden durch nichts stören; der Edle aber reizet

reizet ohne alle, auch diese negative Rück=
ficht, blos für sich allein unsere Aufmerk=
samkeit und Bewunderung. Edel ist sei=
ne Seele; schön die Oberfläche seines Kör=
pers. Durch Adel der Seele wird auch
die innere (Seelen=) Schönheit bezeichnet.
Ist die äussere (Körper=) Schönheit Ab=
druck dieser innern; so faßt sie auch das Edle
in sich. Edler Styl in Kunstwerken ist
daher der, welcher zugleich eine innere See=
lenwürde des hervorbringenden Genies be=
zeichnet. Nützlich ist eine Handlung, we=
gen ihrer Folgen, gut, wegen ihrer Fol=
gen und Bewegungsgründe, edel, wegen
ihrer Bewegungsgründe, wegen ihrer selbst
willen. Die Oberfläche derselben, d. i.
die dadurch in uns erweckte angenehme Emp=
findung nennen wir schön; ihren innern
Wehrt edel. Eine schöne Handlung muß
nothwendiger Weise auch edel sein.

Wir bilden das Gute und Edle durch
Nachahmung in uns hinein, das Schöne
aus uns heraus. Das Unnütze, Nützliche,
Gute, Edle bilden einen Kreis, der vom
Unnützen ausgeht, und dort wieder zusam=
menläuft. Das Unnütze ist nämlich am
weitesten vom Schönen entfernt, von Seite
des Wehrts, und gränzet doch an dasselbe
von Seite seiner Natur. Denn es unter=

scheiz

scheidet sich von dem Guten und Nützlichen
wesentlich dadurch, daß es nicht nützlich
oder gut zu sein brauchet. Will man den
positiven Begriff von Schönheit haben, so
muß man nur das ausheben, was das Schöne nicht zu sein braucht. Was nicht nützlich zu sein braucht, muß nothwendig ein
für sich bestehendes Ganzes sein, und seine Beziehung in sich haben; allein um
schön genannt zu werden, muß es in unsern Sinn fallen, oder von unserer Einbildungskraft umfaßt werden können.—
Das Schöne neben dem Nützlichen ist
Zierde, Eleganz. Aus der höchsten Mischung des Schönen mit dem Edlen entsteht
der Begriff des Majestätischen. Messen
wir das Edle in Handlung und Gesinnung
mit dem Unedlen, so nennen wir jenes
groß, dieses klein. Messen wir das Edle,
Große, Schöne nach der Höhe, in der es
unsere Fassungskraft übersteiget, so entsteht der Begriff des Erhabenen. Unsere
Empfindungswerkzeuge schreiben dem Schönen sein Maaß vor. Der Zusammenhang
der ganzen Natur würde für uns das höchste Schöne sein, wenn wir ihn einen Augen-
blick umfassen könnten. Jedes schöne Ganze
der Kunst ist im Kleinen ein Abdruck des
höchsten Schönen, im Ganzen der Natur.

Der

Der geborne Künstler begnügt sich nicht die Natur anzuschauen, er muß ihr nach= ahmen, ihr nachstreben. Der Sinn für das höchste Schöne in dem harmonischen Bau des Ganzen, das von der vorstellen= den Kraft des Menschen nicht umfasset wird, liegt unmittelbar in der Thatkraft selbst. Der Horizont der Thatkraft umfas= set mehr, als dusserer Sinn, Einbildungs= und Denkkraft umfassen können. In der Thatkraft liegen stäts die Anlässe und An= fänge zu so vielen Begriffen, als die Denk= kraft nicht auf einmal einander unterord= nen, die Einbildungskraft nicht auf ein= mal neben einander stellen, und der duss= sere Sinn noch weniger auf einmal in der Wirklichkeit ausser sich fassen kann. Der Horizont der thätigen Kraft muß bei dem bildenden Genie so weit, wie die Natur selber sein. Seine Organisation muß der Natur unendlich viele Berührungspunkte darbieten. Die bildende Kraft, durch ihre Individualität bestimmt, wählt einen Ge= genstand, auf dem sie den Abglanz des höch= sten Schönen, das sich in ihr immer spie= gelt, übertrågt. Der lebendige Begriff von der bildenden Nachahmung des Schönen, kann nur im Gefühl der thätigen Kraft, die das Werk hervorbringt, im ersten Augen= blicke der Entstehung Statt finden. Der

höchste

höchste Genuß des Schönen läßt sich nur
in dessen Werden aus eigener Kraft
empfinden. Das Schöne kann nicht erkannt, es muß empfunden, oder hervorgebracht werden.

Damit wir den Genuß des Schönen
nicht ganz entbehren, tritt der Geschmack
oder die Empfindungsfähigkeit für das
Schöne, in uns an die Stelle der hervorbringenden Kraft, und nähert sich ihr so viel
als möglich, ohne in sie selbst überzugehen.
Je vollkommener das Empfindungsvermögen für eine gewisse Gattung des Schönen
ist, um desto mehr ist es in Gefahr sich zu
täuschen, sich selbst für Bildungskraft zu
nehmen, und auf diese Weise durch tausend
mislungene Versuche den Frieden mit sich
selbst zu stören.

Wo sich in den schaffen wollenden Bil-
dungstrieb sogleich die Vorstellung von dem
Genuß des Schönen nischt, den es, wenn
es vollendet ist, gewähren soll; und wo
diese Vorstellung der erste und stärkste An-
trieb unserer Thatkraft wird, die sich zu
dem, was sie beginnt, nicht in und durch
sich selbst gedrungen fühlt, da ist der Bil-
dungstrieb gewiß nicht rein; der Brenn-
punkt oder Vollendungspunkt des Schönen
fällt

fällt in die Wirkung über das Werk hinaus; die Stralen gehen auseinander; das Werk kann sich nicht in sich selbst rnden. Die blos thätige Kraft kann ohne eigentliche Empfindungskraft, wovon sie nur die Grundlage ist, für sich Statt finden: dann wirkt sie zur Zerstörung.

Was uns allein zum wahren Genuß des Schönen bilden kann, ist das, wodurch das Schöne selbst entstand: ruhige Betrachtung der Natur und Kunst als eines einzigen großen Ganzen. Denn was die Vorwelt hervorgebracht, ist nun mit der Natur verbunden und eins geworden, und soll mit ihr vereint harmonisch auf uns wirken. Diese Betrachtung muß so ruhig und selbst wieder Genuß sein, und ihren Endzweck desto sicherer erreichen, indem er keinen Zweck ausser sich zu haben scheint. Auf diese Weise entstand das Schöne ohne Rücksicht auf Nutzen, ja ohne Rücksicht auf Schaden, den es stiften könnte.

Wir nennen eine unvollkommene Sache nur dann schädlich, wenn eine vollkommene darunter leidet; wir sagen so wenig, daß die Thierwelt der Pflanzenwelt schädlich sei, als wir sagen, die Menschheit sei der Thierwelt

welt ſchädlich, ob ſie gleich von oben hin=
unter aufzehren. Wenn wir nun durch
alle Stufen hinaufſteigen, ſo finden wir
das Schöne auf dem Gipfel aller Dinge,
das wie eine Gottheit, beglückt und elend
macht, nützt und ſchadet, ohne daß wir ſie
deswegen zur Rechenſchaft ziehen können,
noch dürfen.

Dies wäre der Auszug eines Werkes,
das eine Menge guter und neuer Ideen ent=
hält. Wir haben ihn theils aus der Re=
cenſion, die im LXXXſten Stücke der
Oberd. l. Zeitung (2. Jahrg.), theils aus dem
deutſchen Merkur (Julius 1789.) entlehnt.

§. 74.
Verſuch, den Begriff der Schönheit
aufzufinden.

So weit die Geſchichte der Meinungen
von der Natur des Schönen. Sie dienet
wenigſtens dazu, uns zu überzeugen, wie
ſchwer es ſei den Begriff des Schönen auf
eine ganz befriedigende Weiſe feſtzuſetzen.
Am Ende werden wir wohl auf Gewißheit
Verzicht thun, und mit Wahrſcheinlichkeit
allein zufrieden ſein müſſen. Laſſet uns in=
deß verſuchen, einiges Licht über einen ſo
wichtigen Gegenſtand zu verbreiten. Wir

Wir sagen: eine schöne Blume, eine schöne Musik, ein schönes Gebäude, eine schöne Gegend, ein schöner Jüngling, ein schöner Gedanke, eine schöne Handlung. Wenn wir genau Acht geben, so finden wir, daß das Wort schön hier allemal in einer etwas verschiedenen Bedeutung genommen werde. Vielleicht haben doch die angeführten Gegenstände einiges miteinander gemein, was sie eigentlich schön macht. Sollten wir so glücklich sein, die Eigenschaft, oder die Eigenschaften, welche sie miteinander gemein haben, festsetzen zu können; so werden wir uns schmeicheln dürfen, die Natur des Schönen bestimmen zu können.

Eine Blume ist schön, wenn sie mit einer schicklichen Proportion ihrer Bestandstheile eine angenehme Mischung von Farben, oder auch nur eine nicht zu gemeine Farbe verbindet. Nutzen und Geruch werden nicht in Anschlag gebracht.

Schön nennen wir eine Musik, welche durch eine künstliche aber dabei natürliche Folge und Zusammenstimmung von Tönen unsere Seele auf eine sanfte, angenehme Weise in Thätigkeit setzet.

Sym

Symmetrie, edle Einfalt und ge=
schmackvolle Verzierungen sind die vorzüg=
lichsten Eigenschaften, wegen deren wir
einem Gebäude das Lob der Schönheit bei=
legen.

Abwechslung in den Gegenständen,
eine nicht zu beschränkte, doch übersehbare
Ausdehnung, und in die Augen fallende
Tauglichkeit, lebenden, besonders vernünf=
tigen Geschöpfen Unterhalt zu geben, sind,
wenigstens nach meinem Gefühle, die we=
sentlichsten Erfordernisse, eine schöne Ge=
gend zu bilden.

Gebet dem Jüngling eine seinem Alter
angemessene Größe, eine richtige Propor=
tion der Glieder, eine gesunde, lebhafte
Farbe, lenksame, den Empfindungen der
Seele getreue Gesichtsmuskeln, und vor=
züglich ein sprechendes, von Wahrheitssinn
und Menschenliebe glänzendes Auge; dann
— und nicht eher — habt ihr einen wirklich
schönen Jüngling.

Man hat, aus Mangel eigenthümli=
cher Worte, die Benennungen körperlicher
Gegenstände auf geistige übertragen. So
gieng es auch mit dem Worte, schön. Eine
Seele, deren Kräfte so, wie die Bestand=
theile

theile eines Körpers, miteinander in schick-
licher Proportion stehen, nennen wir eine
schöne Seele. Eben so heißt eine Handlung, welche aus reiner Tugend, besonders aus Menschenliebe, und zwar mit einiger Aufopferung entspringet, schön. Ein
Gedanke, welcher in uns ohngefehr eben
die Empfindung erweckt, wie der Anblick
eines schönen Gesichtes, also ein im hohen
Grade deutlicher, und doch nicht alltägli-
cher, entweder von Witz, oder von Scharfsinn zeugender Gedanke wird für schön
gehalten.

§. 75.
Fortsetzung.

Welche sind nun jene Eigenschaften, die
den aufgezählten Gegenständen gemeinschaftlich zukommen? Sind es etwa folgende:

a) Einheit,

b) Mannigfaltigkeit,

c) Lieblichkeit?

Unter Lieblichkeit verstehe ich die Fähigkeit, ohne Rücksicht auf Nutzen zu gefallen.

Schönheit wäre also Uebereinstimmung
des Mannigfaltigen zur Einheit, verbunden

den mit der Fähigkeit, ohne Rücksicht auf Nutzen zu gefallen. Schön wäre jeder, und nur der Gegenstand, welcher diese drei Eigenschaften in sich vereinigte. Nun hätten wir also eine Erklärung der Schönheit, welche sich auf Induktion gründete.

§. 76.

Zweifel dagegen.

Ist aber auch diese Induktion vollständig? läßt sich die gegebene Erklärung von Schönheit auch auf Farben und Bewegungen anwenden? Giebt es nicht schöne Farben ohne Mannigfaltigkeit? Wir können einzig aus dem Baue unserer Sehorgane und aus den Gesetzen der Ideenverbindung erklären, warum uns eine Farbe vor der andern gefällt. Umgekehrt giebt es Bewegungen ohne Einheit; die Maler ziehen immer die krummen Linien den geraden vor, und Hogarth bemerket ganz richtig, daß die Menschen in allen Bewegungen, deren Endzweck Nutzen ist, gerade; in solchen aber, deren Endzweck Reiz und Annehmlichkeit ist, krumme Linien beschreiben.

Auch die Schönheit des menschlichen Gesichtes scheinet nicht ganz zu der oben gegebenen Beschreibung zu passen; sie be-

F   stehet

stehet nicht so wohl in der Regelmäßigkeit
der Züge, und Mischung der Farben, als
in einem gewissen unnennbaren Ausdrucke,
in welchem wir den Abglanz moralischer
Vollkommenheiten zu erblicken glauben.
Es giebt zwei Klassen moralischer Vollkommenheiten, eine, welche sich auf Verach-
tung der Gefahren und Leiden, die andere,
welche sich auf die geselligen Tugenden beziehet. Jene drückt dem Gesichte ein Ansehen auf, das Bewunderung und Ehrfurcht
erregt. Diese erwirbt ihm Liebe, gewähret
ihm Schönheit.

Und hat es denn so ganz seine Richtigkeit mit dem Satze, daß Einheit, Mannigfaltigkeit und Lieblichkeit den (§. 75.)
angeführten Gegenständen gemeinschaftlich
zukommen? Scheinet nicht der schönen Gegend das zu fehlen, was wir Lieblichkeit
nannten? Giebt es nicht schöne Gedanken,
die ganz einfach sind? läßt sich die Schönheit einer Handlung durch Einheit und
Mannigfaltigkeit ohne sichtbaren Zwang
erklären?

§. 77.
Beruhigung.

Wie also, wenn wir eigentlich gar nicht
bestimmen könnten, was Schönheit sei? —
Müssen

Müssen wir es denn auch? Genug wenn
wir es nur richtig empfinden! — Aber wer
bürget uns für die Richtigkeit unsers es
fühls? — Die Uebereinstimmung aller gut
organisirten, und zu einem gewissen Grade
von Kultur gelangten Menschen.

* Ob die Schönheit etwas bles objek-
tives, oder bles subjektives sei? Vergl. mit
dem, was oben (§. 31.) von dem Maass
stabe des guten Geschmackes ist gesagt worden.

§. 78.

Größe.

Eine zweite Quelle ästhetischer Kraft ist
die Größe.   Es giebt eine physische und
moralische Größe.   Die erste kömmt kör-
perlichen Gegenständen zu: die letztere wird
nur an freien Wesen, und solchen Handlungen bemerkt, die aus freier Willkühr
geschehen. Wir fühlen etwas eigenes bei m
Anblicke eines großen Flusses oder Waldes:
und wenn wir einen vielumfassenden Gedanken, eine Handlung, welche große Thatkraft, ausgebreitete Kenntnisse, heftige,
weitstrebende Leidenschaften voraussetzet,
lesen, hören, denken; so verspüren wir
etwas in uns, das jener Empfindung gleichet, welche der Anblick physischer Größe

F 2   in

in uns erregt. Die Muskeln unsers Gesichtes werden gespannter, die Augen werfen sich vor, der Blick starret, die Seele fühlet sich erweitert. Doch muß die Größe, wenn sie ästhetische Kraft äussern soll; nicht ins Unermeßliche, noch weniger ins Unendliche gehen; denn in diesem Falle würde die Seele ihr Unvermögen, den Gegenstand zu übersehen, empfinden, und eben deswegen kein Wohlgefallen mehr daran haben.

* Intensive, protensive, extensive Größe. S. Steinbart S. 75.

§. 79.

Das Erhabene.

Eine besondere Art des Großen wird das Erhabene genannt. Auch diese Benennung wird so wohl physischen als moralischen Gegenständen beigelegt. Das Erhabene unterscheidet sich von dem Großen hauptsächlich dadurch, daß dieses mehr auf die Ausdehnung in alle Theile, jenes auf die Höhe oder Tiefe eines Gegenstandes sich beziehet. Bei dem Anblicke eines hohen Berges erweitert sich unser Herz, wir empfinden eine gewisse Erhöhung unserer Seele, ein Aufwärtestreben, welches wir oft durch Emporhebung unseres Körpers ausdrücken.

Ein

Ein ähnliches Gefühl entstehet in uns,
wenn wir eine Gesinnung oder Handlung
uns vorstellen, welche einen hohen Grad
von Geistesstärke, Selbstverläugnung, Un-
eigennützigkeit, Standhaftigkeit, Tapfer-
keit, Großmuth voraussetzet.

Blair vermischet das Große mit dem
Erhabenen; und man kann es ihm verzei-
hen; weil es äusserst schwer ist, die feinen
Nuancen, welche das moralisch Große vom
moralisch Erhabenen unterscheiden, vermittelst willkührlicher Zeichen auszudrücken.

§. 80.

Unterschied des Großen und Erhabenen
vom Schönen.

Beides, das Große und Erhabene
unterscheidet sich unverkennbar von dem
Schönen. Dieses erzeugt eine sanfte,
süße Empfindung; jenes eine starke, heftige
Erschütterung. Das Schöne weckt Liebe,
das Große und Erhabene Bewunderung.
Schönheit gewinnet durch Regelmäßigkeit:
Größe und Erhabenheit bedürfen weniger,
oder gar nicht der Ordnung. Sanfte, ge-
sellige Tugenden lesen wir im Auge des schönen, edle Gesinnungen, kühne Entschlüsse,

reißen-

reifende Thaten im Auge des großen
Mannes.

§. 81.

Mittel, das Gefühl des Erhabenen zu verſtärken.

Das Gefühl des Erhabenen wird durch
Nebenumſtände, z. B. durch feierliche
Nachtſtille, Finſterniſſe, Einſamkeit, fürch-
terliche Szenen mächtig befördert. Der
Anblick des ſternbeſäeten Himmels erhöhet
unſere Seele mehr in dunkler Nacht, als
der Anblick des Firmaments am hellen Tage. Wenn Virgil ſeinen Helden in die
Hölle wandern läßt, ſo geſchiehet dies in
feierlicher Stille. Und Milton hüllet
ſo, wie David, die Majeſtät Gottes in
undurchdringliche Wolken ein.

§. 82.

Das Große und Erhabene in den Werken der Künſte.

Bisher haben wir von dem Großen und
Erhabenen gehandelt, in ſoferne es in den
Gegenſtänden liegt: jetzt wollen wir es auch
betrachten, in ſoferne es in den Werken der
Künſte, in der Darſtellung liegt. Hier
kömmt zufördert das Meiſte auf die Größe
und

und Erhabenheit des Subjektes, oder des Gedankens selbst an. Fehlet es diesem an Würde; so strebt der Künstler vergeblich nach Zierathen, die den Mangel derselben ersetzen sollen. Ist aber der Gedanke, der Gegenstand selbst groß und erhaben; so darf der Künstler ihn nur kurz, stark, und einfach darstellen.

Kurz; weil die menschliche Seele den hohen Schwung nicht lange aushalten kann.

Stark; weil jeder Gegenstand, so erhaben er auch an sich selber ist, doch von solchen Seiten betrachtet werden kann, welche den Eindruck des Großen und Erhabenen schwächen.

Einfach; weil überhäufte Zierathen die Größe des Gedankens mehr bedecken, als darstellen. Gott sprach: es werde Licht, und es ward Licht. Wie, wenn Moses geschrieben hätte: „Der Alherrscher Jehova bedurfte nur eines Winkes, um das Licht aus dem Schoße der Finsterniß hervorzurufen"?

§. 83.

Die große Manier.

Wenn der Künstler die Fertigkeit besitzt, unter den Umständen, welche seinen Gegen-

stand

stand begleiten, allemal diejenigen auszuheben, welche den Effekt des Großen und
Erhabenen am besten befördern; so besitzt
er das, was man die große Manier nennet. Ein einziger trivialer, kindischer Zug
ist im Stande, den ganzen Eindruck des
Großen und Erhabenen zu verwischen.

§. 84.
Das Pathos.

Das Große und Erhabene, welches durch
den Ausdruck der Leidenschaften bewirket
wird, nennet man besonders das Pathos.
Daher sind nur jene Künste, welche große
Leidenschaften schildern, oder solche hervorzubringen suchen, empfänglich für das Pathos. Die Baukunst und Gartenkunst
können große und erhabene Werke erzeugen,
aber kein Pathos. Dieses kömmt vorzüglich der Musik, der Redekunst, der Dichtkunst, den bildenden und den theatralischen
Künsten zu. Das Pathos gehöret zu den
ersten Schönheiten in den Werken des Geschmacks; und eine Nation kann sich nur
alsdenn großer Kunstgenies rühmen, wenn
sie Männer aufweisen kann, die in ihren
Werken das wahre Pathos zu erreichen ge-
wußt haben.

* S. Steinbart S. 82.

§. 85.

§. 85.

Das Edle.

Ein höherer Grad der Größe in Gedanken und Empfindungen heißet Adel. Eigentlich können nur moralische Wesen und Handlungen edel genannt werden. Wird diese Benennung zuweilen physischen Gegenständen beigelegt; so geschieht es blos, weil sie als Zeichen oder Sinnbilder moralischer Größe betrachtet werden. So sagt man: Der edle Löwe.

§. 86.

Entgegengesetzte Fehler.

Dem Großen stehet das Gemeine, dem Erhabenen das Niedrige, dem Edlen das Unedle entgegen.

Gemein ist alles das, was sich durch keinen besondern Grad der Vollkommenheit vor Dingen seiner Art auszeichnet. Es kann etwas gemein seyn, in Absicht auf den Gegenstand selbst, und in Absicht auf die Behandlung. Ein an sich gemeiner Gegenstand kann durch schickliche Ideenverbindung über seine natürliche Stufe erhoben: ein erhabener Gegenstand kann durch gemeine Behandlung unter seine ursprüngliche Würde herabgesetzt werden.

Niedrig im ästhetischen Verstande ist alles das, was einen auffallenden Mangel an geistigen, besonders moralischen Vollkommenheiten verräth. Die fruchtbarste Quelle des Niedrigen ist der Eigennuz.

Unedel nennen wir, was das Gefühl eines Menschen von feiner Lebensart beleidigt, indem es unangenehme Nebenideen von häßlichen, eckelhaften Gegenständen, und selbstischen Leidenschaften erzeugt.

§. 87.

Warnung für junge Künstler.

Nichts ist so verführerisch für junge Künstler, als der Wunsch große und erhabene Werke zu liefern. Nur wenigen Sterblichen ist die Kraft dazu gegeben: die meisten verfallen entweder ins Wässerichte, wenn sie Zeichen ohne Kraft und Bedeutung zusammenhäufen; oder ins Schwulstige, wenn sie kleinen Gedanken ein prächtiges und weites Gewand umwerfen. Ein Körper wird dadurch nicht schöner, wenn sein Volumen auseinander getrieben wird. Möchten junge Künstler diese Wahrheit recht beherzigen! Möchten sie nie ein Thema wählen, ohne vorher zu prüfen, quid ferre recusent, quid valeant humeri.

Es

Es ist leichter, das Gemeine und Niedrige zu vermeiden, als das Große und Erhabene zu erreichen.

* Parenthyrsus. Phöbus. Bombast. Nonsense.

§. 88.

Klarheit.

Zu den Quellen der ästhetischen Kraft, oder vielmehr zu den wesentlichen Erfordernissen jedes schönen Kunstwerkes gehöret die Klarheit. Sie gewähret eine bestimmte und lebhafte Erkenntnis von den Theilen und Bedeutungen des Kunstwerkes. Der Zweck der schönen Künste ist, lebhafte Gefühle und Vorstellungen sinnlicher Vollkommenheit zu erwecken. Nun hängt aber die Lebhaftigkeit unserer Empfindungen allemal von der Lebhaftigkeit und Bestimmtheit der Darstellung ab. Indeß muß sich der Künstler auch hier innerhalb gewisser Gränzen halten. Ein anders ist ästhetische Klarheit, ein anders logische Deutlichkeit. Diese letzte streitet wider den Zweck der schönen Künste so gut, als die Dunkelheit.

§. 89.

§. 89.

Dunkelheit.

Ein beträchtlicher Mangel der ästhetischen Klarheit heißet ästhetische Dunkelheit. Uebertriebene Sparsamkeit, ungewisse Beziehung, zu künstliche Zusammensetzung, und Vieldeutigkeit der Zeichen, Verworrenheit und Mangel der nöthigen Theile können als die Hauptquellen der Dunkelheit angesehen werden.

§. 90.

Ordnung.

Die Klarheit gewinnet durch Ordnung, oder schickliche Zusammenstellung der Theile eines Kunstwerkes in Rücksicht auf Raum und Zeit. Die Ordnung entstehet aus der Befolgung der Gesetze, welche in der Zusammenstellung der Theile herrschen. Herrschet in einem Werke nur ein Gesetz, und wird es genau befolgt; so nennet man ein solches Werk regelmäßig. Werden mehrere Gesetze ohne Nachtheil der Klarheit befolget; so erheben sie die Ordnung zu einer eigenen Quelle von ästhetischer Kraft. Die Schwierigkeit, welche der Künstler in diesem Falle zu überwinden hat, und die Leichtigkeit, mit welcher er sie überwindet, gewähren uns eine beson-

besondere Art des Vergnügens. Daraus
läßt sich erklären, warum viele Kunstwerke,
z. B. Gebäude, Gärten, Gedichte blos
wegen der Ordnung gefallen. In höhern
Kunstwerken muß zwar immer Ordnung
liegen, aber sie darf nicht immer sichtbar
sein.

* Sumetrie. Eurythmie. Melodie.
Harmonie.

§. 91.

Lebhaftigkeit.

Lebhaft ist ein Kunstwerk, wenn es
entweder auf unsere äussere Sinne, oder
auf die untern Seelenkräfte, besonders auf
die Einbildungskraft mit vorzüglicher Stärke wirket. Matt, schleppend, trocken
sind die Bennungen, mit welchen wir den
Mangel der Lebhaftigkeit aus Armuth der
Sprache bezeichnen müssen. Matt, beziehet sich vorzüglich auf die Schwäche der
Schilderung, schleppend, auf die langsame
Fortschreitung der Vorstellungen, trocken,
auf den Mangel zweckmäßiger Nebenideen
und Verzierungen.

§. 92.

§. 92.

Mittel der Lebhaftigkeit:

Nichts belebt unsere Vorstellungen mehr, als das Neue, Unerwartete, Wunderbare. Eine Schöne hat kein besseres Mittel die schwärmerische Liebe ihres Anbeters lebhaft zu erhalten, als wenn sie ihm stäts neu zu werden trachtet; eben so die Werke der Kunst. Die menschliche Seele strebet immer nach neuer Wirksamkeit, nach Veränderung und Erweiterung ihrer Vorstellungen. Nichts reizet ihre Aufmerksamkeit mehr als das Ungewöhnliche. Wenn der Künstler ihr gefallen will, so muß er ihre Neugierde, ihren Hang zum Seltnen und Wunderbaren zu reizen und zu benutzen wissen.

§. 93.

Das Neue.

Neu ist, was wir noch nie, oder doch vor so langer Zeit empfunden haben, daß es denselben Eindruck auf uns macht, als hätten wir es nie empfunden. Die Neuheit hat ihre Grade, und ist relativ. Sie liegt entweder in dem Gegenstande selbst, oder in der Behandlungsart desselben. Vel nova, vel nove. Es giebt eine Neuheit des Produktes in seiner Art, und des Produktes

als

als Individuum betrachtet. Das erste
Heldengedicht war ein neues Produkt in sei=
ner Art: Klopstocks Messiade ist ein
neues Produkt als Individuum betrachtet.
Nur solche Werke verdienen Originale ge=
nannt zu werden, denen eine von diesen
zwei Arten der Neuheit zukömmt. Jene,
denen es an beiden mangelt, verrathen den
Kopisten, den mittelmäßigen für die Künste
verdorbenen Kopf. O imitatores ser-
vum pecus!

Ist es aber noch möglich etwas Neues
zu erfinden? Haben die Künstler der Vor=
welt nicht schon alles gethan? Sind nicht
alle Gegenstände der Kunst bereits erschöp=
fet? — Gewiß nicht! Das wahre Genie
findet noch allenthalben Stoff zu bearbei=
ten, entdecket auch an dem abgenuztesten Ge=
genstande irgend eine neue, ergiebige Seite.
Die Quelle der Erfindung ist unerschöpf=
lich, die Bilder der Imagination unzählig,
und die möglichen Verbindungen der Ideen
unendlich. Immer werden sich neue Ge=
danken einem Genie aufdrängen, welches
die Gabe hat, da zu sehen, wo andere blind
waren, da zu empfinden, wo andere kalt
blieben, da Zusammenhang und Beziehun=
gen zu entdecken, wo andere nur einzelne,
voneinander getrennte Dinge sahen, das
ist

ist: einem Originalgenie. Für einen Künstler dieser Art, sagt Riedel, ist kein Objekt erschöpft; er hat nicht nöthig mit Her-
mann Axelen im Suidas auf die Fabeln-
jagd zu gehen. Sein eigen Genie bietet
ihm einen unermessenen Vorrath zur Bearbeitung an, Quellen, die seine Vorfah-
ren ungenutzt, und Felder, die sie unbe-
bauet gelassen haben.

* S. Riedels Theorie S. 173.

§. 94.

Das Unerwartet.

Unerwartet nennen wir eine Erscheinung, auf welche wir nicht vorbereitet sind.
Es kann also etwas unerwartet, und doch
nicht neu sein. Das Unerwartete hat allemal die Wirkung, daß es die Aufmerksamkeit spannet, und die Lebhaftigkeit der Vorstellungen befördert. Die Empfindung,
welche durch das Unerwartete erreget wird,
heißt Ueberraschung. Man hat gefragt,
ob diese Empfindung an sich selbst angenehm,
oder ob sie blos nach Beschaffenheit des Gegenstandes bald angenehm, bald unangenehm sei? Home behauptet das letztere;
ob er gleich kurz vorher sagte, die Verwun-
derung (also auch die Ueberraschung, welche nur ein höherer Grad der Verwunder-
ung

ung ist) gehöret zu den angenehmen Empfindungen; indem sie einen natürlichen
Trieb unserer Seele, die Begierde nach
Neuheit und Abwechslung befriedige, und
die Stillung eines Grundtriebes jederzeit
Vergnügen gewähre. Wir halten es nicht
für nöthig, diese Streitfragen hier zu ent-
scheiden. So viel ist gewiß, daß unsere
Empfindungen sich genau an ihre Ursachen
anschmiegen, daß folglich die Ueberraschung
nach Beschaffenheit des Gegenstandes, durch
welchen sie bewirket wird, bald angenehm,
bald unangenehm werde. Die Befriedig-
ung des Triebes nach Veränderung ist zwar
immer angenehm; aber dieses Gefühl ist
nur transitorisch, und verschwindet bald,
wenn es von einem an sich unangenehmen
Gegenstande erreget wird. Eine angenehme Begebenheit verdoppelt unsere Freude,
wenn wir keinen Grund hatten, sie zu ver-
muthen: ein Unglück beuget uns um so tiefer, je weniger wir es vorhersahen.

§. 95.
Ueberraschung.

Unter den Arten und Mitteln der Ueberraschung ist ein großer Unterschied. Wer
mich aus einer Bauernhütte in einen Feen-
pallast, dann in eine Katakombe, dann in
eine

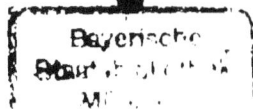

eine Einfiedlerhöhle, dann in eine türkische
Moschee führt, überraschet mich; aber auf
eine nicht so ganz angenehme Weise, weil
die Seele keinen Leitfaden findet, sich die
Verbindung dieser Gegenstände zu erklären.
Soll die Ueberraschung ästhetische Kraft
äussern; so muß das, wodurch sie hervor=
gebracht wird, zwar unerwartet, aber nicht
von ohngefehr, nicht ex machina kom=
men; es muß irgend eine Beziehung auf
das Gegenwärtige haben: ich muß diese Be=
ziehung bei seiner Erscheinung fühlen, und
mir süße Vorwürfe darüber machen, daß
ich nicht eher daran dachte. Ueberrasch=
ungen der ersten Art bedürfen keines großen
Erfinders: die von der letzten sind das Werk
des Genie's.

* Etwas über die änglischen Gärten,
und über die Quodlibets.

** Von der Ueberraschung ist die Hinter=
gehung der Erwartung verschieden. Diese
ist nicht immer angenehm, oft unangenehm.
Anwendung hievon auf das Schauspiel, die
Epopee, die Redekunst u. s. w.

Parturiunt montes nascetur ridiculus
                                    mus.
                                              §. 96.

§. 96.
Das Wunderbare.

Wunderbar nennen wir das, wovon
wir den hinreichenden Grund nicht einsehen.
Das Wunderbare ist also auch relativ. Es
spannet die Aufmerksamkeit, und verstär=
ket, wenn der Gegenstand groß ist, die
Empfindung des Großen und Erhabenen.

§. 97.
Maschinen.

Maschinen sind künstliche Vorstellun=
gen von der Einwirkung übernatürlicher
Ursachen in eine natürliche Reihe von Hand=
lungen. Sie taugen im Komischen, auch
im Ernsthaften, so lange sie die Volksmei=
nungen nicht gegen sich haben. Die Ma=
schinen, deren sich Homer und Virgil
bedienten, waren gut; nicht so jene, deren
sich Voltaire in der Henriade bediente.
Milton und Klopstock hohlten die ihri=
gen aus der Bibel, wenigstens aus der Er=
klärung der Bibel. Wer in unsern Zeiten
ein Heldengedicht schreiben wollte, würde,
wenn sein Thema nicht etwa aus der Re=
ligion genommen wäre, Mühe haben, Ma=
schinen zu finden. Sind sie aber auch noth=
wendig?

* Vorzug der redenden Künste vor der bildenden in Hinsicht auf das Neue, Unerwartete und Wunderbare.

*° Beispiele des Neuen und Unerwarteten stehen in Riedels Theorie S. 170. folgg.

§. 98.

Kontrast.

Die Lebhaftigkeit gewinnet ferner durch den Kontrast, oder durch die Zusammenstellung solcher Dinge, welche einander entgegengesetzet sind. Contraria juxta se posita magis elucescunt. Ein Berg scheinet uns größer, wenn er mit dem nahen Thale verglichen wird. Riesen, welche sich um's Geld sehen lassen, bedienen sich des Kunstgriffes, Zwerchen in ihrer Gesellschaft herumzuführen. Das Laster fällt doppelt in die Augen, wenn es sich getrauet, an der Seite der Tugend aufzutreten.

§. 99.

Verschiedene Arten des Kontrastes.

Es giebt dreierlei Arten des Kontrastes.

1.) Wenn Gegenstände von verschiedener Art einander entgegengesetzt werden.

2.)

2.) Wenn Gegenstände von einerlei Art, aber entgegengesetzten Eigenschaften zusammen gestellt werden. Ossians Helden sind alle Helden, doch jeder nach seiner Weise. In der korinthischen Säulenordnung kontrastiren die runden mit den eckigen, die flachen mit den gebogenen, die glatten mit den geschnitzten, die einfachen mit den verzierten Theilen.

3.) Wenn ähnliche Dinge, die aber der Größe oder dem Grade nach verschieden sind, nebeneinander gestellt werden.

Der Kontrast ist unentbehrlich in allen Künsten, besonders in der Malerei, Dichtkunst, Redekunst. Ein Theaterstück ohne Kontrast schläfert ein. Wenn er aber gefallen soll, so muß er nicht zu allgemein bekannt und auffallend sein; sonst zerstreuet sich die Aufmerksamkeit der Seele, weil sie schon weiß, was nach jedem Satze kommen wird. Er darf aber auch nicht gesucht und erkünstelt sein; sonst ermüdet er die Seele, ohne sie mit einer wichtigen Vorstellung zu bereichern. Wenn er zu grell in die Augen fällt; so blendet er, anstatt zu ergötzen: der Künstler muß ihn also durch Abstufungen zu mäßigen wissen.

§. 100.

Aehnlichkeit.

Auch die Aehnlichkeit kann als ein schickliches Mittel gebraucht werden, die Lebhaftigkeit der Darstellung zu befördern; indem sie einen Gegenstand oder Gedanken durch den andern beleuchtet. Hierauf gründet sich die Kraft der Metapher, der Allegorie, des Gleichnisses, des Parallelismus. Die Aehnlichkeit gefällt um so mehr, je verschiedener die Klassen der Dinge sind, unter welchen wir sie entdecken. Doch darf sie nicht allzusehr erkünstelt sein.

§. 101.

Feuer.

Die Lebhaftigkeit der Vorstellungen wird ferner durch die Geschwindigkeit ihrer Folge befördert, weil die Seele dadurch in den Stand gesetzt wird, eine größere Menge derselben in der nämlichen Zeit zu erhalten. Man nennet dies das ästhetische Feuer. Vermittelst desselben werden klare Vorstellungen miteinander verbunden, welche durch eine größere Menge dunkler Zwischenvorstellungen getrennt sind. Darauf gründet sich die ästhetische Kraft plötzlicher und rascher Uebergänge zu entgegengesetzten Vorstelstellungen. Nichts hindert das Feuer mehr, als wenn alle vergesellschafteten Zwischen= vorstellungen mit gleicher Sorgfalt ausge= malet werden.

° S. Eberhards Theorie S. 106.

§. 102.

Licht und Schatten.

Weil in einem Werke nicht alle Theile einen gleichen Grad der ästhetischen Voll= kommenheit haben dürfen; so muß ein=r derselben der vollkommenste sein, zu dessen Erhöhung die übrigen verhältnismäßig zu= sammen wirken müssen. Auf diesem Grund= saße beruhet die Lehre vom ästhetischen Licht und Schatten. Ein merklicher Grad der Lebhaftigkeit in den Vorstellun= gen wird das ästhetische Licht, ein geringe= rer Grad derselben der ästhetische Schatten genannt. Der höchste Grad des Lichtes heißet Glanz. Farbe ist eine gewisse Mischung oder Modifikation des Lichtes; die verhältnismäßige Vertheilung der Far= ben heißet das Kolorit. Wir finden, daß sich die Natur aller dieser Mittel bediene, um Schönheiten für das Auge zu bilden. Von ihr entlehnte sie der Maler, und vom Maler der Künstler in jedem andern Fache.

G 4 §. 103.

§. 103.

Mannigfaltigkeit und Einförmigkeit.

Wenn man auch die Mannigfaltigkeit und die Einförmigkeit nicht für die einzigen Bestandtheile der Schönheit will gelten lassen; so behaupten sie doch die ersten Plätze unter den Quellen ästhetischer Kraft. Die menschliche Seele strebt immer nach Abwechslung ihrer Vorstellungen und Gefühle: das Einerlei ermüdet in den Werken der Kunst, wie in den Werken der Natur. Das Vielseitige und Mannigfaltige hingegen reizet und nähret die Thätigkeit unseres Geistes, und wird eben dadurch die ergiebigste Quelle angenehmer Empfindungen.

Indeß muß auch die Mannigfaltigkeit ihre Gränzen haben, die Theile eines Werkes müssen nicht zu gehäuft, nicht zu sehr voneinander verschieden sein, müssen in einem gemeinschaftlichen Mittelpunkte zusammen treffen, müssen ein Ganzes ausmachen.

Sit quodvis simplex dumtaxat et
vnum.

Sonst irret die Seele unstät von einem Gegenstande zum andern, und findet keinen Ruhepunkt, auf welchem sie den gemein-

schafts

schaftlichen Eindruck aller Theile empfangen könnte. Nur darf die Einförmigkeit
in Werken des Geschmacks nicht zu sehr in
die Augen fallen; sie muß empfunden, nicht
gesehen werden. Magere Tabellen, unbe-
deckte Skelete, und schulgerechte Einthei-
lungen gehören nicht in Gedichte und Reden, welche Anspruch auf ästhetische Wirkung machen wollen.

Dem Mannigfaltigen steht das Schüch-
terne und Trockne, dem Einförmigen das
Ausschweifende, Ungereimte, Ebentheuerliche entgegen. Humano capiti
u. s. w.

§. 104.
Einfalt.

Von der Einförmigkeit ist die Einfalt
oder Einfachheit wohl zu unterscheiden.
Einfach im metaphysischen Verstande ist,
was keine zertrennbare Theile hat. Im
physischen Verstande, was aus homogenen
Theilen besteht. Im ästhetischen Verstande
aber nennen wir das einfach, was keine
andere, als wesentliche, zur Hervorbringung der bezielten Wirkung erfoderliche
Theile hat, wo also Alles, was Luxus und
Ueberfluß heißt, wegbleibet.

Stein-

Steinbart unterscheidet fünf Arten der Einfalt.

1) Einfalt des Planes.

2) Einfalt der Ordnung.

3) Einfalt der Charaktere.

4) Einfalt der Gedanken.

5) Einfalt des Ausdruckes.

Wenn ein Gedanke oder ein Gegenstand, der an sich groß, edel, erhaben ist,
auf eine kunstlose, ungeschminkte, aus den
Umständen selbst entspringende Weise dargestellt wird, so nennet man dies die edle
Einfalt.

Wider die Einfalt streitet das Weit-
läufige, Weitschweifige, Geschmink-
te, Tavtologische.

§. 105.

Das Natürliche.

Einfalt ist eine der natürlichsten Eigenschaften, welche erfodert werden, wenn
ein Gedanke, Ausdruck, Werk natürlich
sein soll. Doch erschöpft sie den Begriff
des Natürlichen nicht. Dazu gehöret noch
eine gewisse Leichtigkeit, eine Ungezwungen-
heit,

heit, welche der Künstler seinem Werke
einprägt. Die Natur bringet ihre Schöpf-
ungen ohne sichtbare Anstrengung hervor:
so das Genie die seinigen. Der große Gedanke springt, wie Pallas aus Jupiters
Gehirne, aus dem Kopfe des glücklichen
Künstlers munter in voller Rüstung hervor.
Jedermann glaubet sich fähig, ihn ebenfalls
hervorzubringen. Lasset es aber den gemeinen Kopf versuchen; sudet multumque
laboret ausus idem.

In einem andern Sinne wird auch
das natürlich genannt, was dem Gegenstande in der Natur, den es nachahmet, ähnlich ist. Nicht jede Aehnlichkeit verdienet
den Namen der Schönheit. Beide, die
physische und moralische Welt, haben tausend widrige Dinge, deren Nachahmung
wir dem Künstler gerne erlassen. Die Griechen straften ihren Payson, der das Häß-
liche in der menschlichen Bildung, und ihren
Pyreikus, der Barbierstuben, Esel und
Küchenkräuter am liebsten malte, jenen mit
Armuth, diesen mit dem verächtlichen Bei-
namen des Ryparographen (Kothma-
lers).

* S. Lessing Laok. S. 11.

§. 106.

§. 106.

Fehler wider das Natürliche.

Dem Natürlichen (im ersten Sinne des Wortes) stehet das Steife, Gezwungene, Gesuchte, Schulgerechte entgegen; Steinbart setzet ihm auch das Ebentheuerliche, Chimärische, Phantastische, Uebertriebene entgegen; ich denke aber, diese Fehler streiten hauptsächlich wider die Einförmigkeit und Wahrscheinlichkeit, und gehören folglich nicht in dieses Kapitel.— Doch darüber wollen wir nicht streiten. Die ästhetischen Sünden verstossen, wie die moralischen, selten wider ein einziges Gesetz.

§. 107.

Das Naive.

Eine besondere Art des Schönen ist das Naive, welches sich so wohl von der edlen Einfalt, als vom Natürlichen überhaupt unterscheidet. Von der edlen Einfalt, weil etwas naiv sein kann, ohne jene zu haben, z. B. komische Einfälle: vom Natürlichen, weil nicht alles, was natürlich ist, auch naiv genannt werden kann. Naiv nennen wir ein Betragen, welches Unwissenheit des Welttons, und eine gewisse Zuversicht auf die Güte der Menschen, mit welchen man zu
thun

thun hat, aber dabei gesunden Menschen=
verstand, und ein gutes, wohlwollendes
Herz verräth. Ein Ausdruck ist naiv, wenn
er unter einem so ganz einfachen Gewande
noch einen andern, wichtigen Sinn ent=
hält. Naiv in der Gesichtsbildung ist das
Ungesuchte, Kunstlose, welches ohne Ab=
sicht innere Vortreflichkeit anzeiget. Wenn
man also im Allgemeinen bestimmen will,
was Naiveté sei; so werden wir sagen müs=
sen, sie sei diejenige Eigenschaft eines Ge=
genstandes, oder Gedankens, kraft welcher
durch ein einfaches Zeichen etwas wichti=
geres und interessanteres ausgedrückt wird,
als im Zeichen selbst zu liegen scheint.

* Das Naive mit und ohne Bewußtsein.
Unterschied des Naiven vom Niais der
Franzosen. Beispiele des Naiven aus
Mendelsohns Phil. Schriften, 2. Th.
S. 219. folgg.

§. 108.

Wahrheit.

„Nichts ist schön, sagt Boilau, was
nicht auch wahr ist‟. In jedem Werke
der Kunst muß Wahrheit liegen, wenn es
dem Manne von richtigem Geschmacke ge=
fallen soll. Wahrheit, wie sie hier genom=
men wird, heißt sinnlich vollkommene Ueber=
eins=

einstimmung der Kunstwerke mit den Ge=
setzen der Möglichkeit, oder mit einem
Worte, wahr im ästhetischen Sinne ist,
was keine Ungereimtheit, keinen Wider=
spruch enthält. Ungereimtheit bezieht sich
auf die innern, Widerspruch auf die äus=
seren Verhältnisse eines Werkes. Ein
Kunstwerk muß innere und äussere Ge=
denkbarkeit haben. Fehlt es an dieser oder
jener, so kann auch keine idealische Gegen=
wart, keine Täuschung, also keine sinnlich
vollkommene Darstellung bewirkt werden.

§. 109.

Grade der Wahrheit.

Die Wahrheit in den Künsten hat ihre
Grade. Diese sind Möglichkeit, Wahr=
scheinlichkeit, Nothwendigkeit. Mög=
lich ist, was in seinen Theilen keinen Wi=
derspruch enthält. Wahrscheinlich, was
unter gewissen Bedingungen vermuthlich
geschieht. Nothwendig, was nach gewis=
sen Voraussetzungen erfolgen muß. Achill
und Agamemnon vereinigen sich: dieser
entführt jenem seine schöne Gefangene
Achill geräth darüber in unversöhnlichen
Zorn. Das erste ist möglich, das zweite
wahrscheinlich, das dritte nothwendig.
Eben so bereitet in einem Schauspiel die

Mög=

Möglichkeit den Knoten, die Wahrschein
lichkeit schürzet ihn, die Nothwendigkeit
löset ihn.

§. 110.

Verschiedene Arten von Wahrheit.

Riedel unterscheidet Wahrheit der Ge=
genstände, Wahrheit der Charaktere, Wahr=
heit der Handlungen, Wahrheit der Nach=
ahmung, Wahrheit des Gedankens, Wahr=
heit des Ausdruckes.

§. III.

Wahrheit des Gegenstandes.

Unter deiser Wahrheit verstehet Riedel
Uebereinstimmung der Theile eines Körpers,
oder irgend einer Sache, welche der Künst=
ler darstellet. Wer lachet nicht über den
Maler, welcher

Delphinum silvis adpingit, fluÐi-
bus aprum?

Unter dieses Kapitel gehöret a) die mecha=
nische Wahrheit, welche vorzüglich in den
bildenden Künsten erfordert wird. b) Das
Costüme.

Jene besteht darinn, daß man nichts
vorstellt, was nach den Regeln der Statif,

nach

nach den Gesetzen der Bewegung, und nach den Grundsätzen der Optik unmöglich wäre.

* Vorzug der Gemälde in lebensgröße vor denen in Miniatur, in Rücksicht auf Wahrheit und Täuschung.

Unter dem Costüme verstehen die Künstler das Eigenthümliche der äussern Umstände, Sitten, Kleidungen, Gebäude, Waffen, Ergözungen u. s. w., welches einer Nation, oder einem gewissen Zeitalter, oder einem bestimmten Stande nach der Geschichte und Ideenverbindung zukömmt.

* Anwendung hievon auf die bildenden Künste, des Schauspiel, und die Dichtkunst. Beispiele von verfehltem, und getroffenem Costüme sieh bei Riedel S. 189. 190.

§. 112.
Wahrheit des Charakters.

Wahrheit des Charakters fodert a) Gedenkbarkeit desselben, oder Uebereinstimmung der Eigenschaften, welche ihn mit einander ausmachen. b) Treue in der Zeichnung, daß er nämlich so geschildert werde, wie ihn entweder die Geschichte darbietet, oder, wenn er erbichtet ist, wenigstens

stens nicht übertrieben werde, nicht allzu
weit von der gemeinen Erfahrung abwei=
chen. c) Gleichheit; daß er durch das
ganze Werk durchgeführt werde. So müſ=
ſen im epiſchen oder dramatiſchen Gedicht
alle Handlungen, welche einer beſtimmten
Perſon beigelegt werden, das Gepräge ih=
res eigenthümlichen Charakters tragen.

Dies gilt nicht allein vom Charakter
überhaupt genommen; ſondern auch von
jeder individuellen Lage, in welcher ſich ein
empfindendes Weſen befindet. Der Künſt=
ler muß daher die verſchiedenen Alter, Tem=
peramente, Leidenſchaften genau ſtudieren.
Auch Thiere haben gewiſſermaſſen ihre Cha=
raktere, deren Kenntnis dem Fabeldichter,
und bildenden Künſtler unentbehrlich iſt.

§. 113.
Wahrheit der Handlungen.

Wahrheit der Handlungen iſt die Ge=
denkbarkeit des aufeinander Folgenden, ſo
wie Wahrheit der Gegenſtände die Gedenk=
barkeit des Koexiſtirenden iſt. In einer
Reihe von Handlungen darf nichts Ohnge=
fähres, nichts ſolches vorkommen, deſſen
hinreichender Grund ſich nicht in dem Vor=
hergehenden entdecken läßt. Eben ſo muß

H   der

der Effekt seiner Ursache der Größe und der
Beschaffenheit nach entsprechen. Ist ein
Effekt zu groß, um durch natürliche Kräfte
hervorgebracht zu werden; so steht es dem
Artisten frei, eine Gottheit zu Hülfe zu
rufen. Nur darf es keine solche Gottheit
sein, an welche Niemand mehr glaubt.
Sieh oben (§. 97.), wo von den Maschinen gehandelt wird.

§. 114.
Wahrheit der Nachahmung.

Wahrheit der Nachahmung besteht in
der Uebereinstimmung der Kopie mit dem
Originale, der Darstellung mit dem Darge-
stellten. Diese darf jedoch nicht zum Nachtheile der Schönheit ausgedehnt werden;
denn nicht Wahrheit, sondern Schönheit
ist der höchste Zweck der schönen Künste.
Genug, wenn die Wahrheit der Nachahmung in soferne beibehalten wird, daß man
ohne Mühe das Original erkennet. Dann
mag dieses immer verschönert werden; es
sei dann in Zeichnungen, welche aus besondern, nicht ästhetischen Absichten genau
nach der Natur müßten verfertigt werden.
Solche gehören aber auch nicht zu den schönen Künsten.

§. 115.

§. 115.

Wahrheit des Gedankens.

Wahrheit des Gedankens ist sinnliche Uebereinstimmung des Prädikats mit dem Subjekte. Je größer die Uebereinstimmung, desto größer die Wahrheit. Je genauer ein Saz bestimmt wird, desto näher gränzt er an die Wahrheit, wo Alles bestimmt ist.

* Etwas von den Sentenzen.

§. 116.

Wahrheit des Ausdruckes.

Wahrheit des Ausdrucks besteht in der Uebereinstimmung der Zeichen mit dem Bezeichneten in Rücksicht a) auf das Materielle, und b) auf den Grad der Intension, Größe, Erhabenheit u. s. w. eines Gedankens oder einer Empfindung. Der Ausdruck eines Gemäldes ist wahr, wenn der Maler seinem Bilde die schicklichste Stellung und Miene gegeben hat, eine bestimmte Leidenschaft oder Empfindung anzudeuten. Der Ausdruck des Redners ist wahr, wenn er dem Gedanken, wie ein leichtes Gewand angepasset wird, nichts Widersprechendes, nichts Fremdartiges, nichts Uebertriebenes, nichts wider die Würde

H 2 des

des Gegenstandes enthält. Doch hievon
wird an einem andern Orte weitläufiger
gehandelt werden.

* Engel unterscheidet Materie und
Ausdruck. Jene ist Darstellung des Ge-
genstandes selbst, dieser Aeusserung der
Empfindungen unserer Seele.

§. 117.
Wahrscheinlichkeit.

Zuweilen kann etwas logisch wahr und
dennoch ästhetisch unwahrscheinlich sein.
Eine Bemerkung, welche Aristoteles in
seiner Dichtkunst längst gemacht hat. Der
Künstler muß danach streben, seinem
Werke die höchst mögliche Wahrscheinlichkeit, oder was eben so viel ist, Gedenkbarkeit zu geben. Allein, könnte man sagen,
Gedenkbarkeit nannten wir oben ja auch
die Wahrheit. Was unterscheidet nun die
ästhetische Wahrheit von der ästhetischen
Wahrscheinlichkeit? — Ich denke, das:
wenn ein Gegenstand, der in der Natur
wirklich ist, dargestellt werden soll; so fordert er Wahrheit und Wahrscheinlichkeit: wenn ein Gegenstand, der erdichtet
ist, dargestellt werden soll; so fordert er
nur Wahrscheinlichkeit. Wahrschein-
lich-

lichkeit ist also ein allgemeineres Bedürfnis
der Kunstwerke, als Wahrheit. Der Ro-
manendichter braucht nur Wahrscheinlichkeit. Der Redner aber, welcher ein Fak-
tum erzählt, baides, Wahrscheinlichkeit
und Wahrheit.

* Ueber die Ursachen der Unwahrscheinlich-
  keit sieh Sulzer Art. Wahrscheinlichkeit.

§. 118.

Tugend.

Bisher haben wir gesehen, wie nothwendig dem Künstler die Wahrheit sei, und
wie genau das Gefühl des Schönen mit
dem Gefühl des Wahren zusammenfliesse.
Aber auch das Gefühl des Guten hat seinen Antheil an Hervorbringung ästhetischer
Kunstwerke. Die Tugend, oder was eben
so viel ist, die sittliche Vollkommenheit hat
ihre eigenen Reize, mit denen sie selbst die
Herzen derjenigen fesselt, die sie nicht aus-
üben. Will daher ein Künstler unseres
Beifalls sich versichern, so muß er Liebe zur
Tugend in seinen Werken zeigen. Seine
Lobsprüche müssen nie das Laster krönen:
nie müsse er seine Kunst zur Beschönigung
unedler Handlungen misbrauchen.

* Etwas von der poetischen Gerechtigkeit.

H 3 §. 119.

§. 119.

Anstand.

Eben so fodern wir in den Werken der
Künste einen gewissen Anstand. Dieser ist
in Handlungen und Sitten, was Symmetrie in der Baukunst, und Harmonie in der
Musik ist. Wir nennen das Betragen eines
Mannes anständig, wenn er in seinen Geberden, Stellungen, Reden, Bewegungen
eine wohlgeordnete Seele, Weltkenntnis
und Höflichkeit bezeiget: wenn er das gehörige Verhältnis zwischen dem Stande deren, mit welchen er umgeht, und dem seinigen beobachtet, wenn seine Handlungen
mit einer gewissen Anmuth und Leichtigkeit
gestempelt sind. — Ein höherer Grad von
Anstand heißt Würde. Diese entsteht ursprünglich aus einem lebhaften Gefühle von
Ehre: der Mangel derselben ist Nieder-
trächtigkeit. Das Gefühl der Ehre kann
entweder aus allgemeinen, oder aus besondern Gründen quellen. Daher Würde der
Menschheit, und relative Würde. Jene
beruht auf den Eigenschaften, welche den
Menschen über das unvernünftige Thier erheben: diese auf solchen, welche die Verschiedenheit des Alters, des Standes, des
Geschlechtes, des Charakters u. s. w. mit
sich bringen. — Der höchste Grad von Wür-

de

de heißt Majeſtät. Der Künſtler, welcher nach dem Beifalle der feinen Welt
trachtet, muß erſtlich für ſich ſelbſt den Anſtand beobachten, dann auch ſeinen Werken ſelbigen verſchaffen. Selbſt im Komi-
ſchen darf er ihn nicht völlig auſſer Acht
laſſen, wenn er anders nicht den niedrig-
ſten Pöbel zu beluſtigen ſuchet. Der Held,
und das Stubenmädchen, der König und
der Einſiedler, die keuſche Matrone, und
der wollüſtige Jüngling müſſen, jeder nach
ſeiner Weiſe, mit Anſtand erſcheinen, ſie
mögen auf dem Theater, oder in einem Gedichte, durch den Meiſſel oder durch den
Pinſel dargeſtellt werden. Nichts iſt alſo
dem Künſtler unentbehrlicher, als feine Lebensart, und Beobachtung derjenigen Verhaltungsregeln, welche entweder aus natürlichen, oder aus konventionellen Gründen ſind gebildet worden. Eine Klippe,
an welcher ſo manches Genie ſchon ſchei-
derte.

* Laokoon. Lukretia.

§. 120.

Intereſſe.

Der Künſtler, welcher gefallen will, muß
das Selbſtgefühl deſſen, welchem er gefallen will, zu erhöhen, die Wirkſamkeit ſei-

ner

ner Seele ins Spiel zu setzen wissen; das
heißt mit andern Worten: der Künstler
muß sich bestreben, seinen Werken Interesse zu geben. Es giebt ein allgemeines,
und ein relatives, oder transitorisches Interesse. Jenes entsteht aus Gründen, die
in der allgemeinen Einrichtung der menschlichen Natur liegen: dieses aus besondern,
lokalen, personellen, temporellen Verhältnissen. Der wahre Künstler zieht immer
das erstere vor, oder verbindet es doch allemal mit dem letztern. Der Mittelmäßige
ergreift das letzte, weil er nicht Kraft genug hat, den Menschen aller Zeiten und
Nationen wichtig zu werden. Jener ist
eine wohlthätige Sonne, welche immer
leuchtet, immer erwärmt, immer befeuch-
tet: dieser ist ein Meteor, das einige Zeit
lange in der Luft hängt, aber bald verschwindet und vergessen wird. Wer interessiren
will, muß die Wege zum menschlichen Herzen genau kennen. Ihm ist das Studium
der Ideenverbindung, und vorzüglich der
geselligen Triebe unentbehrlich. Nichts
reisset uns mehr hin, als die Gefühle der
Furcht und des Mitleidens; besonders wenn
der Held, den wir schildern, mit Gefahren
und Hindernissen zu kämpfen hat. Wir
versetzen uns alsdenn in seine Lage, wir
verfolgen ihn Schritt für Schritt, wie

zit-

zittern, ahnden, hoffen, wünschen für ihn.

Man sieht von selbst, daß in Rücksicht auf Interesse, das Meiste von der Wahl des Thema abhange, welches der Künstler zu bearbeiten wählet. Glückliche Köpfe wissen jedoch auch trockenen Gegenständen durch Hinzufügung solcher Umstände, die für die Menschheit wichtig sind, Interesse zu geben. Ein Meister in dieser Kunst ist Blumauer.

§. 121.

Interesse der Personen und Charaktere.

Von dem Interesse des ganzen Werkes läßt sich das Interesse der Personen unterscheiden, welche der Künstler schildert. Jenes entsteht aus der Wichtigkeit des Stoffes, dieses aus dem Charakter, und den Schicksalen der Personen. Soll der letzte bewirkt werden, so darf es den Charakteren und Handlungen ja nicht an Wahrscheinlichkeit fehlen, weil sonst die Täuschung und folglich alle Theilnahme verloren gienge. Eben so muß der Künstler sich hüten, sein Interesse zu vertheilen. Nur Eine Person, nur Eine Handlung muß die wichtigste im Stücke sein: alle andern müssen sich zu dieser in gehöriger Abstufung verhalten. Das

mensch=

menschliche Herz hat nicht Raum genug, sich
zu gleicher Zeit um das Schicksal mehrerer
Helden, oder um den Ausgang mehrerer
verwickelten Handlungen in gleichem Gra=
de zu interessiren. — Suspension, die je=
doch gewisse Ahndungen nicht ausschliesset,
erhöhet das Interesse. — Die höchste sittli=
che Vollkommenheit, zu welcher wir schwin=
delnd hinauf schauen, interessirt uns we=
niger, als eine solche, welche auch wir noch
als erreichbar denken können.

§. 122.

Das Lächerliche.

Alles Schickliche gefällt: aber nicht
Alles, an welchem wir Schicklichkeit ver=
missen, misfällt. Es giebt vielmehr eine
Art von Unschicklichkeit, Ungereimtheit,
Unproportion, welche in uns jene ange=
nehme Bewegung erregt, die wir das La=
chen nennen. Ein Gegenstand ist lächer=
lich, wenn wir an ihm eine unschädliche,
nicht allzubekannte, unwichtige Un=
schicklichkeit entdecken. Ich glaube durch
diese Bestimmung, welche im Grunde von
der aristotelischen nicht sehr verschieden ist,
die Gränzen des Lächerlichen känntlich ge=
nug bezeichnet zu haben. Home unterschei=
det

bet das lächerliche vom Belachenswerthen.
Sieh Grundf. der Kritik Kap. VII, und XII.

§. 123.

Wodurch das Lächerliche entstehe.

Es ist äusserst schwer, Regeln für das
lächerliche anzugeben. Keine Jagd ist un-
dankbarer, als die, welche auf witzige und
komische Einfälle gemacht wird. Es kömmt
hier Alles auf die ursprüngliche Anlage und
den feinen Geschmack des Künstlers an. Will
man jedoch die Arten von Kontrast und
Ungereimtheit, welche Lachen erregen, klaf-
sificirt wissen, so lese man Eberhard §.
76, und Steinbart §. 47.

§. 124.

Verschiedene Arten des Lächerlichen.

Lachen ist ein sehr allgemeines und unbe-
stimmtes Wort, welches verschiedene, zum
Theile einander entgegenstehende Empfindungen ausdrückt. Man lacht vor Freude,
man lacht über einen witzigen Einfall, man
lacht über einen mislungenen Versuch, man
lacht über die Thorheit, zuweilen auch über
das Unglück seines Feindes. Jedes nach
seiner Weise. — Hieraus entsteht die Anwendung des Lächerlichen in den schönen
Künsten;

Künsten; es dienet entweder zur Beluſtigung, oder zur Warnung, oder zur Züchtigung und Rache.

* Scherz, Spott, Hohn, Schadenfreude.
   G. F. Meiers Gedanken von Scherzen. Halle 1780.
   Sulzer Art. Scherz, Spott.

§. 125.

Das Launichte.

Eine beſondere Art des lächerlichen iſt das Launichte. Wenn unſere Seele von irgend einer angenehmen, oder verdrießlichen Empfindung ſo erfüllet wird, daß alle ihre Vorſtellungen einen Anſtrich davon erhalten; ſo nennen wir dieſen Zuſtand Laune. Menſchen, welche oft in finſtere Launen verfallen, heißen launiſch, ſolche aber, welche gewöhnlich guter Laune ſind, oder die Fähigkeit beſitzen, ſich nach Willkühr in verſchiedene Launen zu verſetzen, heißen launicht. Die Laune macht, daß uns alle Dinge anders vorkommen, als ſie ſind. Das Unwichtigſte wird uns wichtig, das Entbehrlichſte nothwendig. Sind wir guter Laune, ſo lächelt uns die ganze Schöpfung an, und wir bleiben Optimiſten, wenn wenn auch das Haus über uns zuſammen fällt.

'ätt. Sind wir übler Laune, so entfernen wir alles, was uns darinn stören könnte, und suchen allenthalben Gründe auf, unsere Mißmuthigkeit zu nähren, und zu rechtfertigen. Die Leichtigkeit sich in verschiedene Launen zu versetzen, vertritt beim Künstler zuweilen die Stelle der Begeisterung, oder bahnt doch den Ubergang dazu.

* Home Kap. XII. Eberhard §. III, Steinbart §. 49.

Viertes

Viertes Hauptstück.

Allgemeine Vorschriften.

§. 126.

Einleitung.

Bisher haben wir die Quellen der ästhetischen Kraft untersucht: nun bleibet uns noch übrig, gewisse allgemeine Vorschriften zu geben, wie der Künstler jene Quellen finden, und benutzen solle, um ein ästhetisch vollkommenes Werk hervorzubringen. Wir werden uns kurz fassen, weil wir im Allgemeinen stehen bleiben, und die besondern Vorschriften an ihrem Orte wieder vorkommen werden.

§. 127.

Auswahl des Stoffes.

Das erste, was der Künstler zu besorgen hat, ist die Auswahl des Stoffes. Nicht jeder Gegenstand ist einer ästhetischen Bearbeitung fähig. Um dieses zu sein, muß er einen vortheilhaften Einfluß auf unsere Vorstellungskraft und Meinungen haben, muß solche Eigenschaften haben, welche das Gefühl des Schönen, Wahren und Guten in

uns

ns erwecken, nähren, bestärken können, mit einem Worte, er muß dem Zwecke der schönen Künste entsprechen. Wählt der Künstler einen Stoff, der mit diesem streitet, so sündigt er entweder wider den guten Geschmack, oder wider die heiligen Gesetze der Moral. Er mag den Wollüstling durch ungesittete Bilder, den lasterhaften durch Schmeicheleien, und den superficiellen Kopf durch Tändeleien belustigen; aber auf die Achtung des wahren Kenners hat er keinen Anspruch.

§. 128.
Würdigung des Stoffes.

Der Stoff eines Werkes ist entweder ergötzend und unterhaltend, oder unterrichtend und belehrend, oder bewegend und rührend. Man sieht von selbst, daß der, welcher blos zur Belustigung dient, den geringsten Wehrt habe. Der Künstler, welcher, nach Horazens Vorschrift, das Nützliche mit dem Angenehmen zu verbinden weiß, wird immer höher geschätzt, als der, dem es blos darum ist, ein vorübergehendes Wohlgefallen zu erregen. Horaz, dieser philosophische Dichter, wird mit Vergnügen von dem Manne gelesen, welcher an den Tändeleien und Scherzen eines Ovids keinen

Ge-

Geſchmack mehr findet. Wir ziehen ein
Kunſtwerk, das unſern Verſtand mit neuen
Wahrheiten bereichert, oder mit ſolchen,
die wir bereits kennen, vertrauter macht,
immer einem blos unterhaltenden vor. Die
menſchliche Seele will beſchäftigt ſein, will
zur Vollkommenheit fortſchreiten.

§. 129.

Erfindung.

Der Stoff iſt alſo das Erſte, was der
Künſtler aufſuchen muß. Hat er ſeine
Wahl getroffen, ſo erfindet er die Weiſe,
ihn darzuſtellen. Erfinden, im äſthetiſchen
Sinne, heißt eigentlich, das durch Ueberlegung und Nachſinnen entdecken, was dazu
zu erfodert wird, ein Werk ſeiner Beſtimmung gemäß darzuſtellen, oder, was eben
ſo viel iſt, die Verbindung zwiſchen Mittel und Zweck eines Kunſtwerkes aufſpä-
hen. Es giebt alſo nur zwei Wege zur Erfindung: entweder ſuchen wir die Mittel
aus dem gegebenen Zwecke, oder den Zweck
aus den Mitteln zu entdecken. Ein Redner
ſoll die Herzen ſeiner Zuhörer mit Menſchenliebe erfüllen: er ſucht in der Vernunft und
im Evangelium die Gründe, in dem menſchlichen Herzen die Empfindungen, in der
Sprache die Worte, in der Deklamierkunſt
die

die Ausdrücke, vermittels deren er jenen
Zweck zu erreichen hofft. Ein Maler liest
eine rührende Geschichte: nun sucht er den
Gesichtspunkt, aus welchem er sie bearbei=
ten soll.

§. 130.

Erfindung des Zweckes aus den Mitteln.

Will der Künstler den Zweck aus den
Mitteln erkennen, so muß er auf Alles,
was auf irgend eine Weise Bezug auf sei=
ne Kunst hat, aufmerksam sein. Wer sein
Netz immer ausgespannt hält, dem wird
beinahe täglich etwas vorkommen, das ihm
brauchbar werden kann. Voltaire trug
beständig seine Schreibtafel in der Tasche,
um jeden interessanten Gegenstand, jeden
innreichen Einfall, jeden schönen, neuen,
der wichtigen Gedanken, auf den er ge=
rieth, aufzubewahren. So kömmt man=
cher Maler durch den ohngefähren Anblick
einer Miene, Stellung, Wendung, man=
cher Tonkünstler durch die ohngefähre An=
hörung der Töne eines in Leidenschaft gera=
thenen Menschen auf neue, nützliche, rei=
che Einfälle.

J   §. 131.

§. 131.

Erfindung der Mittel aus dem Zwecke.

Will aber der Künstler die Mittel aus
dem Zwecke erfinden; so muß ihm zuerst
dieser bestimmt und deutlich vorschweben.
Nie darf er ihn aus dem Gesichte verlieren.
Dann rüttelt er, wenn ich so sagen darf,
seinen ganzen Schatz von Vorstellungen auf,
betrachtet Alles, was mit seinem Gegen=
stande in Verbindung stehen könnte, mit
unverrückter Aufmerksamkeit, und so wird
er allmälig eine reiche Aerndte von Ideen
vor sich reifen sehen, aus denen er nur die
schicklichsten und zweckmäßigsten zu wählen
hat.

Die Alten erleichterten den Weg zu die=
ser Art der Erfindung in der gerichtlichen
Beredsamkeit durch die Topik. Anfängern
mögen Gemeinplätze und sogenannte fon=
tes einigen Dienst erzeigen; aber der voll=
kommene Künstler wird sich schwerlich bei
ihnen Raths erholen. Dieser studiert lie=
ber die alten und neuen Muster, und be=
trachtet die Kunstwerke, die mit dem sei=
nigen in Verwandtschaft stehen. Für die
Malerei haben wir noch keine Topik; für
die Musik hat Matheson einen Versuch
gewagt. In der Baukunst empfielt Stein=
bart

hart Prethers Werk als das brauchbarste.
Ueber die Erfindung in der Tanzkunst, wel-
che unter allen schönen Künsten noch am
weitesten hinter dem Geschmacke der alten
Griechen zurücke zu bleiben scheint, hat
Noverre in seinen Lettres sur la danse
einen Anfang gemacht. Hirschfelds
Werk über die Gartenkunst bedarf keiner
Empfehlung.

§. 132.

Plan und Anlage.

Nach der Erfindung schreitet der Künstler zum Plane der Ausarbeitung. Er
sammelt, sichtet, sondert, und ordnet die
Materialien, dann setzet er die Hauptttheile
seines Werkes fest, und bestimmet die Ordnung, in welcher selbige neben, oder nach-
einander gestellt werden sollen. Jeder dieser Haupttheile wird alsdenn wieder in kleinere Theile gebracht. Man nennet die Ordnung und Bestimmung der Haupttheile Anlage; die schickliche Zusammenstellung
der kleineren Theile Anordnung. Die
Hauptsache ist die Anlage: sie muß dem
Werke Leben und Konsistenz geben.

§. 133.

§. 133.

Ausarbeitung.

Ist die Anlage vollendet, so schreitet der Künstler zur Ausführung, und endlich zur Ausarbeitung fort. Unter der Ausführung verstehen wir jene Verrichtung, wodurch jeder kleinere Theil eines Kunstwerkes die zum Effekt des Ganzen gehörige Form, Größe, und Verzierung erhält. Die Ausarbeitung ist das letzte Geschäfte des Künstlers bei einem Werke des Geschmacks. Wenn das Ganze bereits in den wesentlichen Stücken vollendet ist, so suchet sie das minder Wesentliche, Zufällige jedes Theiles näher zu bestimmen, feilet die Ausdrücke, berichtiget die Verbindungen und Uebergänge, giebt dem Ganzen Rundung, Anmuth, Politur.

§. 134.

Beschluß des ersten Theiles.

Dies wären ohngefähr die gemeinschaftlichen, jedem Zweige der schönen Künste gleich wichtigen Vorschriften. Mit ihnen sei es erlaubt, dieses letzte Kapitel der allgemeinen Aesthetik zu beschliessen, um endlich unserm Zwecke, der speziellen Theorie der schönen Wissenschaften näher zu kommen;

men. Diese sind, wie Jedermann weiß, die Redekunst und Dichtkunst. Beide bedienen sich jener willkührlichen Zeichen, welche wir Worte nennen. Ein zusammenhängender Inbegriff von Wörtern, die unter einem gewissen Haufen von Menschen eine gemeinschaftlich angenommene Bedeutung haben, heißt Sprache im ängern Sinne des Wortes. Ehe wir also zur Theorie der schönen Wissenschaften selbst schreiten, wird es rathsam sein, zu untersuchen, was für Hülfsmittel die Sprache habe, sinnliche Darstellung zu befördern. Auf diese Weise wird dasjenige, was für den Redner und Dichter gleich anwendbar, nützlich und nöthig ist, von dem unterschieden, was jedem derselben insbesondere zukommt. Den Theil, in welchem wir dieses zu leisten gedenken, wollen wir die ästhetische Sprachlehre nennen. Vielleicht gewinnet dadurch der Unterricht an Ordnung, Licht, und Gründlichkeit.

Ende des ersten Theils.

Zweiter Haupttheil.

Aesthetische Sprachlehre.

Erstes Hauptstück.

Von dem Ursprunge, Fortgange, und den Bestandtheilen der Sprache.

§. 135.

Vom Ursprunge der Sprache.

Die Philosophen unsers Jahrhunderts haben die Frage, ob die Sprache ein unmittelbares Geschenk des Schöpfers, oder eine Erfindung der Menschen sei, ihrer Untersuchung wehrt gehalten. Für beide Meinungen stehen wichtige Gründe. Es wird zu unserm Zwecke genug sein, sie anzuführen, ohne uns auf die Entscheidung einer

 1er, in ästhetischer Rücksicht, nicht sehr
ichtigen Controverse einzulassen.

Diejenigen, welche die Sprache für ein
1mittelbares Geschenk des Schöpfers hal=
n, gründen sich auf die großen Schwie=
gkeiten, welche der Erfindung derselben
n Wege gestanden hätten, auf die Unmög=
chkeit, einerseits sich die Erfindung der
Sprache ohne vorhergegangene Vereini=
1ng der Menschen zur bürgerlichen Ge=
llschaft, und andererseits diese Vereini=
1ng ohne vorhergegangene Erfindung der
Sprache zu denken, auf die Analogie, wel=
1e zwischen allen Sprachen herrschet, auf
ie Logik, auf welche sie gebauet sind, auf
Versuche, die mit Kindern angestellt wur=
en, und auf das Beispiel von Wilden,
velche in Wäldern sind entdeckt worden.

* Sieh Discours sur l'origine & les fonde-
    mens de la Societé. Par J. F. Rousseau
    S. 81. folgg. der Zweibr. Ausgabe.

Den Vertheidigern des Gegentheils die=
1et die innere Einrichtung unserer Orga=
1en, die allzugroße Verschiedenheit der
Sprache, die unläugbare Vervollkomm=
1ung derselben, welche die Fertigkeit, sie zu
1rfinden, wenigstens wahrscheinlich macht,
1as stäts gleiche Verhältnis, in welchem

$ 4   sich

sich die Sprache eines Volkes mit dem Gra=
de seiner Kultur befindet, endlich das an
den Dingen unverkennbare Gesetz der
Sparsamkeit, kraft dessen die Natur nichts
durch besondere Freigebigkeit ertheilet, was
ein Geschöpf durch Entwicklung der in das=
selbe gelegten Kräfte von selbst hervorbrin=
gen kann. Die Anhänger der ersten Mei=
nung, sagen die Vertheidiger der letzten,
müssen uns eine physische Unmöglichkeit der
Erfindung darthun, müssen zeigen, daß
entweder in unsern Organen, oder in un=
sern Seelenkräften der hinlängliche Grund
einer solche Erfindung platterdings nicht
Statt haben könne.

§. 136.

Von der allmäligen Vervollkommnung der Sprache.

Wie gesagt, es kann uns gleichgültig
sein, welcher von beiden Meinungen man
den Vorzug gebe; gesetzt aber, die erste
wäre die richtigere; so bleibt doch immer so
viel gewiß, daß die Sprache zur Zeit, da
sie von Gott den Sterblichen mitgetheilt
wurde, in einem sehr rohen, unvollkom=
menen, den wenigen Bedürfnissen und be=
schränkten Kenntnissen des Naturmenschen
angemessenen Zustande war. Sie mußte

erst

t nach und nach vervollkommnet werden.
nige Bemerkungen über die Geschichte
ser Vervollkommnung möchten uns in
r Folge nützlich werden.

Der Mechanismus unsers Körpers macht
s geneigt, bei gewissen heftigen Erschüt-
ungen der Furcht, des Schreckens, der
eude, des Unwillens u. s. w. gewisse un-
illkührliche, jenen Empfindungen ent-
rechende laute hervorzubringen. Wir
den diese bei allen Völkern gleich, und
nnen sie als natürliche Zeichen, als
e ersten Bestandtheile der Sprache be-
achten. Bei zunehmender Gesellschaft
ben die Menschen den Dingen, die sie
nächst zu ihrer Erhaltung brauchten, eine Namen, welche nach aller Wahrschein-
hkeit mit denselben die möglichste Aehn-
hkeit hatten. Wollten sie ein Geräusch
sdrücken, so wählten sie dazu ein rauhes,
st rauschendes Wort: wollten sie eine
nere Bewegung der Luft bezeichnen, so
ienten sie sich auch eines gleichlautenden
ortes, z. B. lispeln, Säuseln. Sie
annen Wörter um zu malen, folglich
ußten diese ihren Gegenständen ähn-
h sein. Dies trift besonders ein bei Ge-
nständen des Gehörs, und der Bewe-
ng.

Für

Für Gegenstände des Gesichtes war es schwerer, und für abstrakte oder moralische, gar unmöglich, Worte, die mit selbigen eine natürliche Aehnlichkeit hätten, zu erfinden. — Was der Präsident Desbrosses in seiner Abhandlung von der mechanischen Bildung der Sprachen behauptet, hat allerdings einigen Schein, der aber verschwindet, wenn man die Induktion auf mehrere Sprachen ausdehnt. — Aus dem Gesagten läßt sich nun auf die ehemals zwischen den Stoikern und Platonikern streitige Frage antworten, ob die Worte natürliche oder blos konventionelle Zeichen der Dinge seien: utrum nomina rerum sint natura, an impositione? Keine von beiden Sekten hatte Recht: die Wahrheit lag, wie gewöhnlich, zwischen ihnen in der Mitte. Im Anfange war die Sprache malerisch, aber auch desto ärmer: in der Folge wurde sie symbolisch, und gewann an Reichthum, was sie an Nachahmung verlor.

§. 138.

Gebehrdensprache. Gesang.

War die Wortsprache in ihrer Kindheit arm, so mußten ihr die Gebehrden zu Hülfe kommen. So behelfen auch wir uns, wenn wir mit einem Fremdlinge sprechen, dessen

Sprache

Sprache wir nicht recht inne haben. Auch
näherte sich die Aussprache mehr dem Ge-
sange, so lange die Menschen durch Töne
malen wollten. Eine Beobachtung, die
wir durch das Beispiel der neuentdeckten
wilden Völker bestätigt finden.

Die singende Aussprache unterstützt von
der Gebehrdensprache, war anfangs Bedürfnis; aber sie wurde doch noch beibehalten, nachdem das Bedürfnis nicht mehr
Statt hatte. Nazionen von feuriger Einbildungskraft und reizbarem Temperamente
bedienten sich derselben, um ihrem Vortrage
mehr Lebhaftigkeit und Nachdruck zu verschaffen. Wir sind immer geneigt zur Gebehrdensprache, so bald wir in Hitze gerathen.— Daher die Accente der Griechen,
daher die Heftigkeit ihrer Bewegungen auf
der Bühne, daher die vielen und lebhaften
Gebehrden ihrer Redner, daher der Unterschied, welchen wir unter den Gesprächen
der Engländer, Franzosen, Italiäner bemerken. Ein Roscius, den Rom anbe-
tete, würde uns flegmatischen Nordlän-
dern im höchsten Grade übertrieben vorkommen. Die gefühllosen Barbaren, welche Italien, Gallien und Spanien erober-
ten, verbannten jene Musik größtentheils
aus der Sprache, welche sie verdarben.

§. 139.

§. 139.

Figürliche Sprache.

Eben so war die erste Sprache voll von
Metaphern und solchen Redensarten, wel=
che wir Figuren nennen. Der Mangel an
eigentlicher Benennung nöthigte die Men=
schen, sich der uneigentlichen zu bedienen.
Daher die Metaphern und Bilder. Je we=
niger die Menschen in der Kultur fortge=
rückt waren, desto mehr standen sie unter
der Macht der Einbildungskraft und der
Leidenschaften. Kein Wunder also, wenn
der Gebrauch der Hyberbel, und Uebertrei=
bung so häufig bei ihnen vorkam. Die em=
pörte Leidenschaft redet gemeiniglich in Fi=
guren.

§. 140.

Die Poesie ist älter als die Prosa.

Aus diesem läßt sich denn auch die para=
dox scheinende Behauptung erklären, daß
die poetische Sprache älter sei als die pro=
saische. Doch hievon an einem andern
Orte. — Bestimmtheit und Präcision, die
wesentlichsten Eigenschaften der philosophi=
schen Sprache, waren das Werk späterer
Jahrhunderte, nachdem die Menschen schon
weit in der Kultur fortgeschritten waren.
Unter den Griechen war Pherecydes

von Syros, des **Pythagoras** Lehrer,
der erste, welcher als prosaischer Schriftsteller auftrat. Von dieser Zeit an verlor
sich die alte poetische Sprache, außer wenn
es vorzüglich um Verzierung zu thun war.

§. 141.

Wortfolge.

Dieselben Ursachen, welche die Sprache
der ersten Menschen mit Metaphern und
Figuren überhäufte, hatten auch einen
nothwendigen Einfluß auf die Weise, wie
sie ihre Worte zusammen fügten. Beherr-
schet von der Sinnlichkeit und der Einbildungskraft nannten sie den Gegenstand ihrer Begierde, oder ihres Abscheues zu erst,
und dann erst das, was sie demselben beilegten. Wenn z. B. ein Wilder von einem
andern einen Apfel verlangte; so war gewiß seine Hauptidee der Apfel. Diese setzte
er also zuerst, das Geben zuletzt, fast,
wie im Lateinischen: Pomum da mihi.—
Diese Art der Wortfügung herrschet in den
meisten alten Sprachen; in den neuen aber
hat man sich mehr an die logische Ordnung
der Gedankenfolge gebunden. Dadurch ge-
wannen diese an Deutlichkeit, verloren aber
viel an Stärke und Lebhaftigkeit. Sa l-
lustius sagt: Animi imperio, corporis

ris seruitio magis vtimur. Im Französischen, Englischen, Italiänischen, Spa-
nischen, selbst im Deutschen, das doch
hierinn den ältern Sprachen näher kömmt,
und mehr Freiheit hat, als die übrigen
Europäischen Sprachen, müßten wir die
Ordnung umkehren. „Die Seele, müßten wir etwa sagen, hat vorzüglich zu ge-
bieten, der Körper zu gehorchen". Die
Strophe: Justum et tenacem propo-
positi virum, Non ciuium ardor praua
jubentium, Non vultus instantis ty-
ranni mente quatit solida, würde sich, in
derselben Stellung der Worte deutsch, aber
nicht französisch, oder englisch übersetzen
lassen. Blair führt, zum Nachtheile seiner Muttersprache, noch ein Beispiel aus
Cicero's Rede für den Marcellus an:
Tantam mansuetudinem, tam inusi-
tatam inauditamque clementiam, tan-
tumque in summa potestate rerum
omnium modum, tacitus nullo modo
praeterire possum. Auf Englisch würde
dieses heißen: It is impossible for me to
pass over in silence such remarkable
mildness, such singular and unheard
of clemency, and such unusual mode-
ration, in the exercise of supreme
power. Wir Deutsche aber, die wir das
Kraftvolle der alten Sprachen mit der Deut-
lich-

lichkeit und Beſtimmtheit der neuen gewiſſermaſſen zu vereinigen wiſſen, würden
überſetzen: „Ein ſo menſchenfreundliches
Betragen, eine ſo beiſpielloſe Sanftmuth,
eine ſo allgemeine Mäßigung im Beſitze der
unumſchränkten Gewalt, kann ich unmöglich mit Stillſchweigen übergehen“.

§. 142.
Declination und Conjugation.

Auch der Wohlklang, oder die Muſik der
Sprachen mußte durch die Weglaſſung der
Declination und Conjugation viel verlieren.
Vermittelſt dieſer konnten die Römer und
Griechen die Worte nach dem Wohlklange
voneinander trennen, ohne der Deutlichkeit zu ſchaden. Die neueren Sprachen
hingegen müſſen Alles, wie es auf einander
gedacht wird, auf einander folgen laſſen.
Virgil konnte, ohne dunkel zu werden,
ſingen:

Extinctum Nymphae crudeli funere
Daphnim flebant.

§. 143.
Erfindung der Schrift.

Die Sprache mußte ſchon ziemliche Fort-
ſchritte gemacht haben, ehe die Schrift er-
funs

funden ward, welche eigentlich eine Vervollkommnung und Erweitung der Sprache
ist. Vielleicht ist es nicht überflüßig, hier
eine kurze Geschichte und Uebersicht der
Schriftsprache zu geben.

§. 144.

Gemälde. Hieroglyphen.

Schriftliche Charaktere bezeichnen entweder Dinge, oder Worte. Von der ersten Art sind die Gemälde, Hieroglyphen,
und Symbole: von der andern die Buchstaben. — Die erste Art, etwas aufzubewahren, war: das Zeichnen und Malen:
dies war die einzige Art von Schrift, welche in Mexiko gefunden wurde. Da aber
diese Art, sich auszudrücken, allzusehr be-
schränkt war; so erfanden die Menschen die
Hieroglyphen, oder gewisse Symbolen, welche natürliche Gegenstände bezeichnen sol-
ten, mit denen sie irgend eine Aehnlichkeit
hatten. So bedeutete das Auge die Wissenschaft, ein Zirkel die Ewigkeit. Oder
sie drückten moralische Gegenstände durch
Thiere aus, an welchen sie ähnliche Eigenschaften bemerkten. Der Undank ward
durch die Viper, die Unbesonnenheit durch
die Fliege, der Sieg durch den Falken, die
kindliche Treue durch den Storch, ein ver-
haßter Mensch durch den Aal ausgedrückt.

§. 145.

Symbolische Sprache.

Die Hieroglyphen beruhten noch immer auf natürlichen Aehnlichkeiten: aber die angehäuften Bedürfnisse, und der Mangel an natürlichen Aehnlichkeiten veranlaßten einige Nazionen, auf ganz willkührliche Symbolen oder Zeichen zu denken. Von dieser Art war die Schrift der Peruaner. Diese hatten Stricke von verschiedenen Farben, und erklärten sich einander durch die Knoten, die Krümmung und Ordnung der Stricke. Hieher gehören auch die Chinesischen Charaktere, die nicht Worte, sondern Dinge ausdrücken, und deswegen 77000 an der Zahl sein sollen. Eine Art von solchen Symbolen sind unsere Zahlen, ob sie schon ausgesprochen werden.

§. 146.

Buchstaben.

Endlich bemerkten die Menschen, daß sie besser thun würden, wenn sie nicht Dinge, sondern Worte aufzeichneten. Sie fiengen an einzusehen, daß die Worte, so viel ihrer waren, doch in wenige einfache Laute aufgelöf't werden könnten. Sie erfanden also ein Alphabet, wahrscheinlich zuerst von

K   Syl-

Sylben, späterhin von Buchstaben. Wer
der Erfinder der Buchstaben sei, ist ungewiß.
Man hält gemeiniglich den Theut, oder
Hermes der Aegyptier dafür. Vor
Moses waren die Buchstaben schon er=
funden. Kadmus, ein Phönizier, der
nach Neutowns Zeitrechnung um Jo=
sua's Zeit lebte, soll sie nach Griechen=
land gebracht haben. Sein Alphabet hatte
anfänglich nur 16 Buchstaben. Die Aehn=
lichkeit zwischen der Hebräischen, Sama=
ritanischen und Griechischen Schrift zeiget
einen gemeinschaftlichen (ägyptischen) Ur=
sprung; denn die Phönizier sind uns zwar
als Kaufleute, aber nicht als Erfinder von
Künsten und Wissenschaften bekannt.

§. 147.
Verschiedene Methode zu schreiben.

Man schrieb anfänglich, wie noch heutzu=
tage bei den Hebräern, von der Rechten zur
Linken, wie man aus den ältesten Inschriften,
selbst der Griechen, ersieht. Hierauf wechsel=
ten die Griechen zeilweise ab (βουστροφηδον).
Diese Methode dauerte bis zu Solons
Zeiten. Endlich wurde, aus Gemächlich=
keit, von der Linken zur Rechten geschrieben.
— Das erste Schreiben war eine Art von
Eingraben auf Säulen in Tafeln von Stein,

oder

oder weichem Metall, auch in hölzerne,
mit Wachs bestrichene Tafeln. Auch die
Rinden und Blätter gewisser Bäume wurden dazu gebraucht. Späterhin schrieb
man mit Dinte auf gegärbte und geglät-
tete Thierhäute. Das eigentliche Papier
wurde erst im vierzehnten Jahrhundert erfunden.

§. 148.
Würdigung der Schriftsprache.

Die Schriftsprache hat ihre Vorzüge vor
der mündlichen Sprache, a) in Ansehung
der Ausdehnung, b) in Ansehung der Dauer,
weil man, was man nicht recht verstan-
den hat, wiederholen kann. — Hingegen
hat auch die Sprache wieder ihre eigenen
Vorzüge vor der Schrift, a) in Ansehung
der Stärke und des Nachdrucks, b) in Ansehung der Bestimmtheit. Die Schrift
tauget mehr zum Unterrichte der Menschen,
die Sprache mehr dazu, Leidenschaften zu
erwecken.

§. 149.
Innere Einrichtung der Sprache.

Bisher von der Entstehungs- und Bil-
dungsgeschichte der Sprache. Nun schreiten wir zur Untersuchung ihrer innern Einrichtung und Bestandtheile. In der ersten

K 2   Zu-

Jugend lernten wir die Sprachlehre nur
mechanisch kennen: hier wollen wir sie mit
philosophischem Blicke betrachten, und, da
eine vollständige Abhandlung von der allge=
meinen Sprachlehre uns zu weit führen
würde, wenigstens eine summarische Ueber=
sicht davon geben.

Die Haupttheile der Sprache sind, nach
der alten, obschon nicht ganz logisch richti=
gen Abtheilung: das Nennwort, das Pro=
nomen, das Zeitwort, das Participium,
das Beiwort, die Präposition, die Inter=
jektion, und das Bindewort. — Richtiger
ist allerdings die Eintheilung in Hauptwör=
ter, Beiwörter, und Bindewörter.
Blair und Hartis nennen sie substan=
tiues, adtributiues, connectiues. Nach
Quintilians Benennung: Verba, no=
mina, & conuinctiones (L. I. cap. 4.)
Indeß wollen wir doch jene gewöhnliche
Eintheilung, weil sie uns geläufiger ist, bei=
behalten.

§. 150.
Von den Hauptwörtern.

Die Grundlage der Sprache sind die
Hauptwörter, ob sie gleich erst nach den
Empfindungswörtern entstanden sind. Die
Hauptwörter waren die Namen, welche
die

die Menschen den Gegenständen beilegten, die sie um sich sahen. Der Mensch, wel¬ cher Baumfrüchte sah, konnte nicht jeder besondern Gattung derselben einen beson¬ dern Namen geben. Anfänglich legte er demjenigen, welche seinen Hunger stillten, eine Benennung bei; da er aber die Bemer¬ kung machte, daß auch andere mit dersel¬ ben vieles Aehnliche hatten; so dehnte er ihre Namen auch auf diese aus: so entstund z. B. der Name Frucht. längere Erfahrung deckte ihm fernere Unterschiede der Früchte auf, und lehrte ihn, selbige in Unterklassen abzutheilen, und Aepfel, Birne, Kirschen u. s. w. zu benennen.— Dieser Fortschritt der Benennungen vom Allgemeinen zum Be¬ stimmten ist in der Natur des menschlichen Verstandes gegründet, und wird durch das Beispiel der Kinder bestätigt.

§. 150.

Vom Artikel.

Das Schwankende, und Unbestimmte, welches in dem bloßen Hauptworte lag, ver¬ anlaßte die Erfindung des Artikels. Im Deutschen haben wir einen bestimmten, der, die, das, und einen unbestimmten, ein, eine, eines. Die Engländer desgleichen; nur mit dem Unterschiede, daß unser Ar¬ tikel

tikel so, wie der Französische, Spánische,
Italiänische, auch das Geschlecht des Hauptwortes, und zum Theile den Casus desselb-
ben ausdrückt. Die Griechen haben nur
einen Artikel, nämlich den bestimmten:
ὁ, ἡ, ὁ. Die Hebráer ersetzen den Artikel
durch Vorsetzung des Buchstaben ה. Die Lateiner habengar keinen Artikel. Man sieht
leicht, daß unsere neuen Sprachen hierinn
gewiß einen Vorzug vor den alten, besonders
der lateinischen, haben. Folgende Wörter,
die der Lateiner nur auf einerlei Weise geben kann, sind wesentlich voneinander verschieden: Des Fürsten Sohn, der Sohn
eines Fürsten, ein Fürstensohn.

§. 151.
Zahl, Geschlecht, Declination.

Bei den Hauptwörtern ist noch zu betrachten die Zahl, das Geschlecht, und die
Declination. Die Zahl bestimmt, ob von
einem oder mehreren, von den Gegenständen, die durch das Hauptwort bezeichnet
werden, die Rede sei. Daher der Singu-
laris und Pluralis. Die Hebräische, Griechische, und noch einige andern alten Sprachen, haben auch einen Dualis, der vermuthlich seine Entstehung dem Mangel an
Zahlwörtern in den rohern Zeiten der Spra-

che

che zu verdanken hat. Die Menschen konnten nur eins, höchstens zwei zählen: was darüber war, drückten sie durch den Pluralis
aus.

· Das Geschlecht sollte eigentlich denje-
nigen Unterschied bezeichnen, welcher unter den beiden Klassen lebender Wesen Statt
hat. Ursprünglich mag es sich wohl auf
diese Bestimmung eingeschränkt haben; bald
aber wurden auch solche Gegenstände, welche weder auf das männliche, noch auf das
weibliche Geschlecht Anspruch haben, zum
einen oder zum andern, zuweilen nach einer dunkeln Analogie, oft aber auch ohne
allen Grund gerechnet. Harris glaubt,
die ersten Menschen haben die wirkenden
Dinge männlich: die leidenden und emp-
fangenden, weiblich gemacht. Unter den
Beispielen, mit denen er dies belegt, führt
er auch den Mond und die Sonne an, welches gerade im Deutschen umgekehrt ist.
Was für ein Grund läßt sich angeben,
warum cera weiblichen, und nasus männ-
lichen Geschlechtes sei?— Hätte nicht der
Eigensinn oder die Kaprize die natürliche
Ordnung verkehrt; so würde das Mas-
culinum und Foemininum blos den lebenden, wirklich dem Geschlechte nach verschiedenen Geschöpfen, das Neutrum hingegen allen übrigen Gegenständen beigelegt

wer-

werden. Die Lateiner und Griechen haben zwar ein Neutrum, das aber seiner Bestimmung nicht immer getreu bleibet. So die Deutschen. Die Franzosen und Italiäner haben keines. Die Englische Sprache ist die einzige, welche in diesem Stücke ganz der Natur gehorchet.

Die Abänderung durch Casus geschieht vermittelst einer am Anfange oder am Ende des Nennwortes angebrachten Veränderung. Die neuern Sprachen bedienen sich zu diesem Ende der Präpositionen. Dadurch verlieren sie unendlich viel an Stärke, Kürze, Nachdruck und Wohlklang. Blair glaubt, die Erfindung der Präpositionen sei später erfunden worden, weil sie mehr Scharfsinn verräth, als die Declinationen der alten Sprachen, und weil es den Barbaren, welche die lateinische Sprache theils verdrängten, theils verunstalteten, mehr um Deutlichkeit, als um Zierlichkeit zu thun war. Aber seiner Meinung steht die Erfahrung im Wege. Die Hebräische Sprache hat, ausser dem Genitiv, keine Deklination, ob sie gleich älter ist, als die Griechische und Lateinische. Der wahre Grund, warum die Gothen und Longobarden die Declination durch Präpositionen ersetzten, mag wohl in ihrer Trägheit und Ungeschicklichkeit

keit zu suchen sein. Campbell vergleicht die neuern Sprachen mit dem Zimmerhandwerke in seinem rohesten und finstersten Zustande: die alten mit demselben in seiner Vollkommenheit, wo man die Bestandtheile eines Hauses ohne Klammern, Nägel und Schrauben, durch schickliche Zusammenfügung und Ineinanderpassung verbindet. Sieh CAMPBELL's Philosophy of Rhetoric. Vol. II. p. 412.

§. 152.

Von den Adjectiven.

Die Adjectiv werden fälschlich zu den Nennwörtern gerechnet, indem sie blos eine Beschaffenheit derselben anzeigen. Man findet sie in allen Sprachen, weil sie uns entbehrlich sind, die Gegenstände zu charakterisiren.— Nicht alle Sprachen ändern sie dem Geschlechte, und der Zahl nach ab. Die Engländer lassen sie unverändert. Im Deutschen müssen sie zwar, wie im Griechischen und lateinischen, mit den Substantiven durchaus übereinstimmen; aber sie dulden doch die Versetzung und Trennung nicht, welche in manchen Fällen den Wohlklang und die Stärke jener alten Sprachen befördern.

§. 153.

§. 153.

Das Pronomen.

Die Pronomina sind im Grunde nichts,
als verkürzte Wiederholungen der Substan=
tive, für welche sie gesetzt werden. Des=
wegen sind sie auch denselben Abänderungen
des Geschlechtes, der Zahl, und der De=
clination unterworfen. Nur in den Pro=
nominibus Ich und Du fällt in den meis=
sten Sprachen die Aenderung des Geschlech=
tes weg, vermuthlich, weil die Bedeutung
derselben, auch ohne dies, hinlänglich be=
stimmt ist. Jedoch machet die Hebräische
Sprache hier, wenigstens in Ansehung des
Du, eine Ausnahme.

Die Pronomina, besonders jene, die
man persönliche nennet, werden gemeinig=
lich auch in solchen Sprachen declinirt,
welche sonst keine Declination kennen.—
Auch haben sie das Eigene, daß sie beinahe
in allen Sprachen unregelmäßig declinirt
werden, vielleicht, weil sie am häufigsten
vorkommen, und deswegen am meisten der
Veränderung unterworfen sind.

§. 154.

§. 154.

Vom Zeitworte.

Der vielbedeutendſte Redetheil iſt das Zeitwort; denn in allen Sprachen bedeutet es auf einmal nicht weniger, als drei Dinge, nämlich 1) eine Eigenſchaft, oder Modiſi=cation des Hauptwortes, 2) eine Bejahung, oder Verneinung dieſer Eigenſchaft, oder Modiſication, 3) die Zeit. Der Jnfinitiv kann als die Wurzel des Zeitwortes be=trachtet werden. Er beſtimmt nichts, ſon=dern bietet nur den Stoff dar. Deswegen wird er auch oft als Subſtantiv gebraucht, z. B. Beſſer darben, als Unrecht thun. Die vorzüglichſte Bedeutung des Zeitwor=tes iſt die Bejahung oder Verneinung, wo=her es auch im lateiniſchen den Namen Ver-bum hat. Wir Deutſchen haben es von der Bedeutung der Zeit benennet. Wahr=ſcheinlicher Weiſe waren die erſten Zeitwör=ter von der Gattung derjenigen, die wir Imperſonalia nennen. Sie ſollten nur gewiſſe Begebenheiten ausdrücken, z. B. Es regnet, es ſchneiet, es blitzt. Spuren davon finden wir im Hebräiſchen. Erſt nachdem die Pronomina erfunden wa=ren, fieng man an die Zeitwörter nach ih=nen abzuändern.

Die

Die Zeitwörter sind entweder transitiv, oder intransitiv, aktiv, oder passiv, persönlich, oder unpersönlich. Eine besondere Gattung derselben nennet man Reciproca. Die verschiedene Bestimmung des Zeitwortes, vermittelst gewisser am Ende oder im Anfange desselben angebrachten Veränderungen, nennet man Conjugation. An dieser ist zu bemerken a) die Art, Modus, b) die Zeit, Tempus. — Wird das Prädikat dem Subjekt bestimmt und wirklich beigelegt, so ist dies der Indikativ. Wird ihm aber etwas nur bedingungsweise oder zweifelhaft beigelegt, so entsteht der Conjunktiv. Gebietet man, so ist es der Imperativ. — Die Zeit wird überhaupt eingetheilt in die gegenwärtige (Praesens), verflossene (Perfectum), und zukünftige (Futurum). Ist die Zeit, in welcher etwas geschah, ganz vorüber, und bezieht sich das Zeitwort auf keine andere Handlung; so macht man das eigentliche Perfectum: Ich habe gehört, ich bin gewandert. Bezieht sich aber das Verbum auf eine andere Handlung, die zugleicher Zeit geschah, so wird das Imperfectum gebraucht. Da ich es hörte, zitterte er. Ich verkaufte mein Gut, ehe ich wanderte. Ist die Handlung schon ganz vorbei, ehe die andere anfängt, die ebenfalls

falls

lls vorbei iſt, ſo wird das Plusquam-
erfectum geſetzt. Ich hatte mein Gut
erkauft, ehe ich wanderte. Die Grie-
hen drückten die unbeſtimmt verfloſſene Zeit
urch ihre Aoriſten aus, welche wir in den
eutigen Sprachen vermiſſen. — Die zu-
ünftige Zeit iſt wieder mancherlei Modi-
cationen fähig, die wir Deutſche durch die
ülfswörter Werden, Sein, und Haben
usdrücken. Ich werde lieben, ich
erde geliebt haben, ich würde lie-
en, ich würde geliebt haben. Uns
ndlich kürzer und kraftvoller iſt die Conju-
tion der Griechen und Lateiner, jedoch
r letzten nur im Activo. Wie viele Sa-
en drücket nicht der Grieche durch das
nzige Wort: γραψω aus, und der latei-
r durch: Scripſiſſem?

§. 155.

Von den Participien.

Das Participium iſt im Grunde nichts,
s ein Adjektiv, vom Verbo gebildet. Der
ebrauch deſſelben ebnet die Conſtruction,
d hemmet die allzuvielen Einſchnitte.
ur muß man darinn, beſonders in der
utſchen Sprache, nicht zu weit gehen,
d die deutſchen Participien nicht ſo häu-
, wie die griechiſchen und latiniſchen benutzen;

nutzen; weil zwischen beiden der wesentliche
Unterschied herrschet, daß jene mit ihrem
Hauptworte, dem Casus und Genus nach
übereinstimmend abgeändert werden, sie
mögen vor oder nach demselben stehen; im
Deutschen aber nur alsdenn, wenn sie vor
dem Substantiv stehen. Der Grieche sagt:
παντα τα ὑπ, ἐκεινυ λελεγμιρα ηκυσα. Der
Lateiner: Omnia ab eo dicta audiui.
Hierinn kann ihnen der Deusche nachah-
men. Ich habe alles von ihm Gesagte
gehört. Der Grieche sagt aber auch:
ἀπεθανεν Αντιββαλ φαρμακυ πληβως. Der Lateiner hinkt schon etwas hinter ihm: Hannibal obiit, veneno haulta. Der
Deutsche kann nicht sagen: Hannibal
starb, Gift genommen habend. Er
muß setzen: Hannibal starb, nachdem
er Gift genommen hatte. Unsere neuern Schriftsteller haben es versucht, der
deutschen Sprache durch häufigen und frei-
en Gebrauch der Participien mehr Runde,
Geschwindigkeit, und Zusammenlaut zu
verschaffen. Adelung schreiet dawider,
und schränket ihren Gebrauch, wie es
scheint, in zu ange Grenzen ein. Der gute Geschmack wird wohl zwischen beiden
Extremen in der Mitte stehen bleiben.

§. 156,

§. 156.
Von den Adverbien.

Die Adverbien sind eigentlich für die
Zeitwörter und Adjektive das, was diese
für die Hauptwörter sind. Sie bezeichnen
nämlich eine gewisse Qualität, oder Quan=
tität einer Wirkung, oder Eigenschaft.
Das Bild ist stark colorirt, flüchtig
gezeichnet, schlecht ausgeführt u. s. w.
Alle Adverbien können leicht umschrieben
werden, und scheinen wirklich zur Ver=
kürzung längerer Phrasen erfunden zu sein.

§. 157.
Von den Präpositionen.

Die Präpositionen dienen dazu, die Ver=
hältnisse der Zeit, des Raums u. s. w. aus=
zudrücken. Da die Verschiedenheit dieser
Verhältnisse oft nur dem feinen Beobach=
ter kenntlich ist; so war die Anzahl der Prä=
positionen in der Kindheit der Sprache sehr
unbeträchtlich. Sie vermehrte sich in dem
Maaße, in welchem die Verfeinerung und
wissenschaftliche Bildung eines Volkes zu=
nahm. Ein richtiger Gebrauch derselben
ist zur Deutlichkeit und Bestimmtheit der
Sprache unentbehrlich.

§. 158.

§. 158.

Von den Bindewörtern.

Die Bindewörter, oder Conjunktionen erfodern eine besondere Aufmerksamkeit des Schriftstellers und Sprachlehrers. Sie dienen die Verhältnisse der Sätze gegeneinander auszudrücken, so wie die Präpositionen die Verhältnisse der Hauptwörter gegeneinander bezeichnen. Sie enthalten den Grund des vernünftigen Zusammenhanges: und von ihrem Gebrauche hängt nicht allein die Schönheit, sondern oft auch die Gründlichkeit einer Schrift ab. Keine Sprache ist reicher darinn, als die Griechische: sie weiß die feinsten Striche der Verhältnisse auszudrücken.

§. 159.

Die Interjektionen.

Von den Interjektionen ist nichts besonders anzumerken, ausser der Warnung vor dem allzuhäufigen Gebrauche derselben. Ein Schriftsteller, der zu oft Ach! und Wehe! ruft, verräth zwar den Willen, aber wenig Kraft, die Empfindungen des Mitleids und des Schmerzens zu erwecken. Es erregt eben nicht das beste Vorurtheil für eine Schrift, wenn sie mit lauter Ausrufungszeichen durchspickt erscheint,

§. 160.

§. 160.

Geschichte der deutschen Sprache.

So viel von dem Ursprunge, dem Fortgange, und den Bestandtheilen der Sprache überhaupt. Lasset uns noch einiges
über unsere Muttersprache hinzufügen, weil
uns diese zunächst interessirt.

Die Sprache, welche wir heutzutage
sprechen, ist eine von den ältesten, welche
in Europa herrschen. Sie war schon vor
Julius Cäsars Zeiten die Sprache eines alten und zahlreichen Volkes, welches ursprünglich die Gegenden am schwarzen und
Caspischen Meere bewohnte. Da es aber
in verschiedene Stämme getheilt war, so
zerfiel auch, nach der Natur der Sache, die
Sprache in mehreren Mundarten, die aber
den wesentlichen Eigenschaften nach immer
Deutsch blieben.

Die Sprache unserer Väter war lange
Zeit so wild und rauh, wie ihre Sitten.
Selbst die Kriege der Römer vermochten
nicht, sie aus der Barbarei herauszureissen.
Wahrscheinlicher Weise würden sie noch
lange in ihrer Wildheit geblieben sein, wenn
sie nicht die große Völkerwanderung im
dritten, vierten, und den folgenden Jahr-

hunder-

hunderten der chriſtlichen Zeitrechnung gezwungen hätte, ihre Wohnſitze zu verän-
dern, und ſich mit verſchiedenen Volks-
ſtämmen, die theils neue, theils verwandte
Sprachen mit ſich brachten, zu vermiſchen.
Am meiſten trugen die Gothen zur Berei-
cherung und Verbeſſerung der Sprache bei:
von ihnen haben wir das älteſte Denkmal
einer deutſchen Mundart, nämlich des Up-
hilas Ueberſetzung des neuen Teſtaments.

Auf das Gedränge der nordiſchen Völker
folgte Ruhe, und die Cultur nahm ſichtbar
unter den Deutſchen, beſonders den Fran-
ken zu. Mit der Cultur machte auch die
Sprache einige, jedoch langſame Fortſchrit-
te. Eine der Haupturſache, warum es mit
der Verbeſſerung der Sprache ſo langſam
gieng, war die Alleinherrſchaft des Lateins.
Die Adelichen thaten nichts, die einzigen
Gelehrten unter den Deutſchen waren die
Prieſter, die nichts weiter verſtunden, als
ihr elendes Latein. Die öffentlichen Do-
kumente wurden lateiniſch ausgefertigt, und
die Meſſe las man ohnehin lateiniſch.

Erſt mit der Regierung Karls des Großen
begann die Dämmerung der deutſchen Lit-
tera-

teratur: Karl ſtiftete Schulen, beſetzte
ſie mit tüchtigen Männern, ehrte die Künſte; ließ deutſch predigen, ſammelte die
alten Geſetze und Volkslieder, machte ſelbſt
Gedichte, und verſuchte es ſo gar, eine
deutſche Sprachlehre zu verfaſſen. Sein
Sohn und Nachfolger, Ludwig der From-
me, blieb zwar in jeder andern Rückſicht
hinter dem Ruhme ſeines Vaters zurücke,
doch liebte er ſeine Mutterſprache mit gleicher Wärme. Er ließ zum Beſten der neu-
bekehrten Sachſen die Bibel in ſächſiſch-
deutſche Reimen bringen. Ludwig der
Deutſche war unter den folgenden deutſchen
Königen bis zum Ende des zwölften Jahrhunderts beinahe der Einzige, der etwas
für die Sprache that. Erſt um dieſe Zeit
bildeten ſich die Schwäbiſchen Dichter,
welche in ganz Deutſchland Bewunderung
und Nachahmung fanden. Die aleman-
niſche Sprache wurde die Hofſprache deut-
ſcher Fürſten. Aber das Fauſtrecht, und
die Raubſucht des Ritterſtandes, verbunden mit der habſüchtigen Politik der Römer, und der Unwiſſenheit der Geiſtlichen
ſtunden der allgemeinen Verbreitung des guten Geſchmacks, und der Vervollkommnung
der Sprache noch immer entgegen. Es
mußten erſt freie Städte entſtehen, zu denen die Muſen ihre Zuflucht nehmen konnten.

Ł 2

ten. Das Papier ward erfunden: die
Wissenschaften und Künsten blühten in
Italien auf: die Buchdruckerkunst erleich-
terte den Umlauf nützlicher Kenntnisse:
die Deutschen rückten weit in der Cultur
vor, und nun mußte auch ihre Sprache
einen neuen Schwung bekommen.

Endlich kam Luther, und wer will ihm
das Verdienst absprechen, das er sich durch
seine kernhafte Bibelübersetzung um die
deutsche Sprache machte? Nun verbreiteten
sich Wissenschaften und Künste immer weiter: und in der zweiten Hälfte des gegenwärtigen Jahrhunderts arbeitete sich die
deutsche Sprache bis zu einer Höhe hinauf, welche ihr keine fremde Nazion zu-
getrauet hätte.

Die deutsche Sprache theilte sich von
Alters her in zwei Hauptmundarten, die
südliche oder oberdeutsche, und die nörd-
liche oder niederdeutsche. Beide unterscheiden sich hauptsächlich dadurch voneinander,
daß jene stärker, völler, und rauher, diese
hingegen sanfter und fliessender ist.

Das sogenannte Hochdeutsche ist die
jüngere, von den besten Schriftstellern angenommene Schriftsprache. Adelung
über-

übertreibt vielleibt seine Vorliebe zu der
obersächsischen Mundart, indeß können wir
doch nicht láugnen, daß diese, wenigstens
was die Aussprache betrift, den übrigen
Dialekten Deutschlands vorzuziehen sei.
Das Hochdeutsche wird dem Provinziellen,
in der Wahl der Wörter, und in der Aussprache entgegengesetzt.

Wir Deutsche haben die Bildung
unserer Muttersprache keinen Belohnungen
und Ermunterungen der Großen, sondern
unserm eigenen Triebe zur Vollkommenheit,
und den uneigennützigen Bemühungen guter Köpfe zu verdanken. Was für Kosten
verwandte nicht Frankreich auf die Ver-
besserung seiner Sprache! und was thaten
unsere Fürsten noch dafür? Eine Bemerkung, die dem deutschen Volke Ehre macht.

§. 161.
Charakteristik und Würdigung der deutschen Sprache.

Wir haben schon oben, da wir von der
Sprache überhaupt handelten, hie und dort
Seitenblicke auf unsere Muttersprache geworfen. Nur noch einige Betrachtungen
über das Eigenthümliche und Vorzügliche
derselben.

L 3   Die

Die Grundlage der deutschen Sprache ist, wie aus der Geschichte derselben erhellet, noch immer jene alte Ursprache, von welcher auch die Schwedische, Dänische, Finländische, Absprößlinge sind. Doch finden wir ohne Mühe Spuren von lateinischen und griechischen Stammwörtern darinn, welche vermuthlich durch die von Griechen bekehrten, und an ihren Gränzen wohnenden Gothen eingeführt wurden. In den neuern Zeiten bekamen noch mehrere fremde Wörter das Bürgerrecht, was auch die Puristen dawider lärmten. Eben so haben wir durch Nachahmung der griechischen Construktion, besonders durch den Gebrauch der Participien, unserer Sprache mehr Rundung und Harmonie verschafft. Indeß bleibet doch immer ihr Eigenthümliches unverkennbar. Sie schließt sich bald mehr an die griechische und lateinische, bald mehr an die französische, italiänische und englische an. Griechische Schriftsteller lassen sich schwerlich in eine Sprache besser, als in die unsrige übersetzen. Auch das Einfache und lose des Hebräischen weiß sie glücklich nachzuahmen. Der Französischen kömmt sie nicht völlig in der Lebhaftigkeit, Feinheit, und Annehmlichkeit bei; hingegen übertrift sie selbige an Stärke und Mannigfaltigkeit. In Ansehung der Harmonie bleibt sie freilich hinter

ter der italiänischen zurück; aber doch nicht
so weit, daß unsere Tonkünstler sich schämen sollten, ihre Muttersprache für den
Gesang zu bearbeiten. Die Härte der Aussprache entsteht gemeiniglich aus der Anhäufung einsylbiger Wörter, und mehreren
aufeinander folgenden Consonanten. Zwei
Fehler, welche man verhütenn kann, sobald man ernstlich will. Die Wortfolge ist
im Deutschen weder so zwangvoll, wie im
Französischen, noch so frei, wie in den
alten Sprachen. Den Mangel an Feinheit ersetzt sie durch den Gebrauch der In-
versionen. Einer ihrer wesentlichen Vorzüge besteht darinn, daß sie Wörter auf
mannigfaltige Weise zusammensetzen kann.
Dadurch gewinnt sie an Reichthum, Rün-
dung, Kürze und Nachdruck. Hierinn hat
sie nur die Griechische zum Muster, und
die Englische zur Nebenbuhlerinn. Sie
tauget sowohl zum lyrischen, als zum hi-
storischen, didaktischen, rednerischen Stil.
Wer die philosophischen und theologischen
Schriften der zwei letzten Jahrhunderte liest,
wird uns die Gerechtigkeit widerfahren
lassen, daß wir es mit Beihülfe weniger
griechischen Kunstwörter, unter den jetzigen Sprachen im didaktischen Vortrage am
weitesten gebracht haben. Wir haben in
allen Arten der Dichtkunst, selbst die tän-

delnde anakreontische nicht ausgenommen,
untadeliche Produkte aufzuweisen. Unsere
Messiade wird so lange bewundert werden,
als Menschen Gefühl für das Schöne und
Erhabene behalten werden. Die Franzo=
sen und Italiäner können uns nichts gleich
großes dagegen halten. Unsere Mos=
heims, Spaldings und Zollikofers
wägen zum wenigsten eben so schwer, als
die Massillons und Bourdaloues
der Franzosen.

Nur Schade, daß der Eifer für die Ver=
edlung unserer Muttersprache seit einigen
Jahren wieder zu erkalten scheint. Der
herrschende Geschmack lenkte sich zur Philo=
sophie; und die Dichtkunst, die von jeher
so entschiedene Verdienste um die Vervoll=
kommnung der Sprache hatte, wurde mit
Gleichgültigkeit, zuweilen gar mit Ver=
achtung angesehen. Besonders fehlt es noch
gewaltig im katholischen Deutschland.
Man studieret noch immer fremde Spra=
chen, als Hauptsache, und auf die Mut=
tersprache wirft man nur flüchtige Blicke.
Wie viele Männer, die in den Rathsstu=
ben obenan sitzen, sind nicht im Stande, auch
nur eine Zeile ohne Sprachschnitzer zu schrei=
ben. Da diese gewöhnlich auf die Aus=
wahl ihrer künftigen Collegen Einfluß ha=
ben;

sen; so entfernen sie oft geschickte junge
Männer, die ein reines Deutsch schreiben,
unter dem Vorwande, sie seien Belletri=
sten.   Selbst der Adel bekümmert sich zu
wenig um seine Muttersprache.   Genug,
wenn eine Französinn im Hause ist: wozu
einen Lehrer der deutschen Sprache? Diese
lernt sich, heißt es, von sich selber.   Frei=
lich wohl; aber auch erbärmlich genug.
So viel von der Sprache überhaupt, und
der Deutschen insbesondere.   Nun lasset
uns zur Lehre vom Stil übergehen.

Zweites

Zweites Hauptstück.

Von den Mitteln, welche die Sprache hat, Darstellung zu befördern, oder von der Schreibart.

§. 162.

Begriff der Schreibart.

Die meisten Kunstrichter gerathen in Verlegenheit, wenn sie bestimmen sollen, was eigentlich Schreibart sei. Um den Begriff derselben festzusetzen, müssen wir den Sprachgebrauch zu Rathe ziehen. Man sagt von einem Menschen, er habe eine gute, oder schlechte, gedrängte, oder weitschweifige, populäre, oder schwulstige, natürliche, oder affektirte Schreibart. Damit wollen wir nun sagen, was für ein charakteristisches Merkmal seine Schriften von andern unterscheidet. Schreibart, in Hinsicht auf den Verfasser, wäre also die ihm eigenthümliche Art, seine Gedanken vermittelst der Sprache auszudrücken. Die Schreibart ist eine Art von Gesicht, in welchem wir das Bild der Seele erblicken. Es

giebt

giebt Gesichter von regelmäßigen Zügen, und glatter Haut; aber sie gefallen uns nicht, weil keine Seele aus ihnen spricht. Nur jene interessiren uns, in welchen wir den Abdruck intellectueller, oder moralischer Vollkommenheiten bemerken. Eben so mit der Schreibart. Hieraus erklärt sich die Verschiedenheit des Stils, welche zu verschiedenen Zeiten und in verschiedenen Ländern herrschet.

Schon aus dem Gesagten erhellet, daß Schreibart und Denkungsart genau mit einander verbunden sind. Wer richtig empfindet, und ordentlich denkt, wird sich ganz gewiß auch richtig und schön ausdrücken, wenn er anders die Sprache, die er reden will in seiner Gewalt hat.

Rem bene perspectam verba haud inuita sequuntur.

Es erreget immer einen gegründeten Verdacht wider einen Schriftsteller, wenn sein Stil verworren und dunkel ist. Die meisten Dunkelheiten, welche wir in den Schriften gewisser netten Philosophen antreffen, scheinen daher zu entstehen, weil die Herren eigentlich selbst nicht wissen, was sie sagen wollen.

§. 163.

§. 163.

Verschiedene Arten des Stils.

Jede Art von Aufsatz hat ihre eigene Bestimmung, und folglich ihre eigenthümliche Schreibart. Die römischen Schriftsteller unterscheiden daher drei Hauptarten von Stil. Genus dicendi sublime, mediocre, tenue, die erhabene, mittlere, und niedere Schreibart. Ferner läßt sich die Schreibart, in Rücksicht auf den Inhalt eines Werkes, eintheilen in die poetische, epistolarische, rednerische, historische, komische, welche wieder ihre Unterarten haben. Daraus entstehen nun für jede Art von Stil eigene Vorschriften, welche wir aber erst an ihrem Orte erklären werden.

§. 164.

Allgemeine Eigenschaften einer guten Schreibart.

Nebst den besondern Vorschriften, die aus dem nähern Zwecke und der Natur einer Schrift genommen werden, giebt es auch allgemeine, welche sich auf alle Arten von schriftstellerischen Werken erstrecken, und ohne deren Befolgung Niemand einen Anspruch auf ästhetische Vollkommenheit

machen

machen darf. Diese allgemeine Vorschriften, oder vielmehr Erfoderniſſe einer guten
Schreibart ſind eigentlich der Gegenſtand
dieſes Hauptſtückes.

§. 165.
Deutlichkeit und Zierlichkeit.

Deutlichkeit und Zierlichkeit können als
die zwei Haupterfoderniſſe einer guten
Schreibart betrachtet werden; denn wir
sprechen und schreiben zuerst um verſtanden
zu werden, dann um zu gefallen. — Die
Deutlichkeit iſt alſo das Erſte, worauf ein
Schriftſteller zu ſehen hat. Ohne dieſe
gleichen die Zierrathen der Rede nur den
Irrwiſchen, welche verführen, anſtatt auf-
zuklären.— Oratio, ſagt Quintilian,
debet negligenter quoque audientibus
eſſe aperta; ut in animum audientis,
ſicut ſol in oculos, etiamſi in eum
non intendatur, occurrat. Quare
non ſolum ut intelligere poſſit, ſed
ne omnino poſſit non intelligere cu-
randum. Libr. VIII. cap. 2.

Deutlichkeit iſt nicht blos eine negative Vollkommenheit, ſondern die Quelle
einer poſitiven äſthetiſchen Kraft. Wir
empfinden ein wahres poſitives Vergnügen,
wenn

wenn die Rede eines Schriftstellers gleich einem hellen Strome dahinfließt, und jede Mühe des Nachsinnens über die Bedeutung seiner Worte uns ersparet.

Wodurch wird aber Deutlichkeit, wodurch Zierlichkeit bewirkt und befördert? Diese zwei Fragen müssen wir noch beantworten.

§. 166.

Aufzählung der vorzüglichsten Mittel, die Deutlichkeit zu befördern.

Die wesentlichsten Mittel, Deutlichkeit zu bewirken, sind:

1) Sprachrichtigkeit,
2) Reinigkeit,
3) Angemessenheit,
4) Bestimmtheit,
5) Ordnung,
6) Einheit.

§. 167.

Sprachrichtigkeit.

Sprachrichtig nennen wir, was den Regeln, d. i. den verbindlichen Vorschriften der Sprache gemäß ist. Diese Regeln sind

sind in todten Sprachen theils durch die
Analogie, theils durch den Sprachgebrauch
der vorzüglichsten Schriftsteller festgesetzt.
In den lebendigen werden sie ebenfalls theils
aus der Analogie, theils aus dem Sprach-
gebrauche abgenommen. Unter der Ana-
logie versteht man ein übereinstimmendes
Verfahren in ähnlichen Fällen. Unter dem
Sprachgebrauche aber nicht den allgemeinen
Gebrauch, welcher ein wahres Unding ist,
sondern den des gebildeten, und um die Cultur
der Sprache vorzüglich verdienten Theils
der Nazion, besonders aber der besten
Schriftsteller. Es würde elend mit der
Sprache aussehen, wenn die Mehrheit der
Stimmen die Entscheidung geben sollte.—
Conſtituendum imprimis, ſchreibt
Quintilian, id ipſum quid ſit, quod
consuetudinem vocemus. Quae ſi ex eo,
quod plures faciunt, nomen accipiat,
periculoſiſſimum dabit praeceptum,
non orationi modo, ſed (quod magis
eſt) vitae. Unde enim tantum boni,
ut pluribus, quae recta ſunt, place-
ceant? Igitur ut velli, et comam in
gradus frangere, et in balneis perpo-
are, quamlibet haec innaſerint ciui-
atem, non erit conſuetudo, quia ni-
il horum caret reprehenſione; at la-
amur, et tondemur, et conuiuimus

ex

ex confuetudine: fic in loquendo, non
fiquid vitiofe multis infederit, pro re-
gula fermonis accipiendum erit. Nam
ut transeam, quemadmodum vulgo
imperiti loquuntur, tota faepe thea-
tra, et omnem circi turbam excla-
maffe barbare fcimus. Ergo confue-
tudinem fermonis vocabo confenfum
eruditorum; ficut vivendi, confenfum bonorum. Lib. I. cap. 6.

Der Sprachrichtigkeit stehen die Sprach-
fehler entgegen, welche von den Sprach-
lehrern in Barbarismen, und Solöcismen
getheilt werden. Jene fündigen in dem
Baue und der Beugung einzelner Wörter,
diese wider den Syntax. Sieh von beiden
Quintilian L. I. cap. 5.

§. 168.

Reinigkeit.

Rein ist die Sprache, wenn sie mit keinen fremdartigen Theilen vermischet ist.
Solche fremdartige Theile sind:

a) Veraltete,
b) Provinzielle,
c) Ausländische,
d) Sprachwidrig gebildete neue Wörter
und Redensarten.

Die alten Sprachlehrer rechneten alle
ese Fehler zu den Barbarismen.

* Die weitere Ausführung kann aus Adelung und Blair genommen werden.
Wir dürfen nicht vergessen, daß wir
keine eigentliche Grammatik schreiben.

§. 169.

Angemessenheit.

Unter dieser Eigenschaft verstehen wir
e schickliche Auswahl derjenigen Wörter
id Redensarten, welche den jedesmaligen
edanken eines Schriftstellers am leichte-
n und natürlichsten ausdrücken. Sie
zet die Reinigkeit voraus, erstreckt sich
er weiter, als diese. Ein Aufsatz kann
in, das heißt, frei von veralteten, frem-
n, neugebackenen Wörtern und Redens-
ten, und doch nicht angemessen sein.
azu gehöret, daß er nach dem Sprach-
brauche die schicklichsten Wörter zu sei-
m Zwecke wähle, und selbige seinem
toffe, wie ein Gewand dem Körper, an-
asse. Weichet er von dem Sprachge-
auche ab, und haschet nach besondern
usdrücken, so verwirrt er den Leser, und
acht ihm unnütze Mühe. Selbst ein all-
ängstliches Streben nach Reinigkeit hin-
rt die Angemessenheit der Schreibart.

M   Dem

Dem Angemeſſenen ſteht das Steife, Ge=
ſuchte, Unnatürliche, Erkünſtelte entge=
gen. Begriffe, die wir im mündlichen
Vortrage entwickeln werden.

§. 170.

Beſtimmtheit.

Ein Ausdruck iſt beſtimmt, wenn er
alles das, und nur das ſagt, was bei ihm
gedacht werden ſoll. Er muß alſo einer=
ſeits den Gedanken entſchöpfen, und an=
dererſeits nichts überflüßiges enthalten.
Dieſe letzte Eigenſchaft wird beſonders
Präciſion genennt, weil durch ſie Alles,
was nicht zur Sache gehört, gleichſam
weggeſchnitten wird.

Beſtimmtheit iſt eine unentbehrliche
Eigenſchaft der Schreibart, wenn dieſe
auf Deutlichkeit Anſpruch machen will.
Der menſchliche Verſtand iſt zu beſchränkt,
um mehr, als einen Gegenſtand zu gleicher
Zeit anzuſchauen. Siehet er mehrere vor
ſich, beſonders ſolche, die Aehnlichkeit und
Verbindung miteinander haben, ſo geräth
er in Verwirrung. Er kann ihre Verſchie=
denheiten und Aehnlichkeiten nicht bemerken.
Ein General, der einen Mann aus ſeinem
Regimente recht will kennen lernen, läßt
ihn

ihr hervortreten, um ihn abgesondert von
den übrigen zu betrachten. Wenn wir uns
einen deutlichen Begriff von einem Thiere
machen wollen, so lassen wir es von allem,
was nicht zu seinem Wesen gehört, ent=
blösen. Ein gleiches müssen wir mit den
Wörtern thun. Umstände, die nicht zur
Sache gehören, Anhäufung synonymischer
Ausdrücke, überflüßige Veränderung des
Ausdruckes verschieben den Gesichtspunkt,
und entfernen uns von der Hauptsache.
Wir sehen alsdenn zu viel, um recht zu
sehen. Hieraus läßt sich schliessen, was
von den sogenannten Variationen in der
Sprachübung zu halten sei. Schwache
Schriftsteller verfallen oft in den Fehler,
daß sie, um verständlich zu werden, Worte
auf Worte häufen. Sie suchen durch eine
Menge von Wörtern die Unbestimmtheit
ihrer Gedanken zu ersetzen, in der Hoffnung,
andern dadurch begreiflich zu machen, was
sie im Grunde selbst nicht begreifen. Die=
ses unmächtige Ringen nach Deutlichkeit
sehen wir meistens in den Schriften der
Mystiker, und unserer Halbgelehrten.

Der Bestimmtheit stehen drei Fehler
entgegen. Entweder drücken die Worte,
deren sich der Schriftsteller bedient, nicht
das aus, was sie ausdrücken sollen, son=

dern

dern etwas verwandtes, ähnliches; oder
sie drücken zwar seinen Gedanken aus, aber
unvollständig; oder sie drücken mehr aus,
als nöthig ist.

Das beste Mittel, zur Bestimmtheit
in der Schreibart zu gelangen, ist anhal-
tendes Bestreben, bestimmt zu denken,
und fleißiges Nachdenken über die Bedeutung jedes Wortes. Eine reichhaltige Quelle
von Sünden wider die Bestimmtheit liegt
in dem Misbrauche der Wörter, welche
wir Synonyme nennen. Vielleicht giebt es
in keiner Sprache auch nur zwei Wörter,
welche ganz das Nämliche bedeuten. Sie
mögen wohl zu einer Art von Farben gehören, aber sie bedeuten verschiedene Schattirungen dieser Farbe. Zum Beweise, wie
leicht es sei, sich hierinn zu betrügen, darf
man sich nur mit Stosches kritischen
Anmerkungen, und in Ansehung des Französischen mit Girard bekannt machen.

* Die Liebe zur Präcision und Kürze
  muß nicht so weit gehen, daß auch wesentliche, zur Deutlichkeit nothwendige
  Theile darunter leiden. Alii breuitatis
  aemuli necesiaria quoque orationi sub-
  trahunt verba, et velut satis sit, scire
  ipsos, quae dicere velint. quantum ad
  alios pertineant, nihil putant. At ego
  otiosum sermonem dixerim, quem auditor suo ingenio non intelligit. QUIN-
  TILIAN. VIII. cap. 2.

§. 171.

Ordnung.

Daß eine zweckmäßige Stellung der
Wörter und Sentenzen zur Deutlichkeit
unentbehrlich sei, bedarf keines Beweises.
Wir beobachten im gemeinen Leben die Ordnung am pünklichsten, wenn es uns um
sichere und deutliche Erkenntnis eines Gegenstandes zu thun ist. Ein Feldherr stellet seine Krieger in Ordnung, um sie leicht
und deutlich zu übersehen: ein Oekonom
hält Ordnung, um den Zustand seines
Hauswesens ohne Mühe zu berechnen: ein
Kaufmann sieht auf Ordnung in seinen
Büchern, um genaue Kenntnis seines Ge-
winnstes, oder Verlustes zu haben. Warum soll es also nicht der Schriftsteller?
Sich selber wird er durch pünktliche Ordnung seine Arbeit erleichtern, und seinen
Lesern wird er verständlicher werden.

Seine Pflicht wird also sein:

   1) Die Worte,

   2) Die Sätze wohl zu ordnen.

In Ansehung der Worte hat er darauf zu
sehen, daß er jedes an den Ort hinstelle,
wo es nicht allein nach den Regeln der
Sprachlehre, sondern nach der jedesmali-

gen

gen Abſicht des Schriftſtellers hingehöret.
Vorzügliche Aufmerkſamkeit fodern gewiſſe
Partikeln, die oft unbeträchtlich ſcheinen,
aber im Grunde durch eine kleine Verän=
derung ihrer Stelle den ganzen Sinn än=
dern. Solche Partikeln ſind: **Wenigſtens, doch, noch, aber, ſchon, gar,**
u. ſ. w. Zweideutig iſt, wenigſtens in der
Schrift, folgender Satz: **Ich habe ihn
wenigſtens geſehen.** Man weiß
nicht, ob man den Ton auf ihn, oder auf
geſehen legen ſoll. Im erſten Falle müßte
es heißen: **Ich habe wenigſtens ihn
geſehen,** im zweiten: **Geſehen habe ich
ihn wenigſtens.** Noch ein anderer Sinn
läge in der Stellung: **Wenigſtens habe
ich ihn geſehen.** (Der Satz: **Er iſt
noch nicht gekommen,** hat nicht die
Bedeutung) wie dieſer folgende: **Noch
iſt er nicht gekommen.** — **Ich habe
ihn doch lieb, doch ihn lieb, doch
habe ich ihn lieb,** u. ſ. w.

Ferner darf keine Ungewißheit in Anſeh=
ung des Caſus bleiben. Ein Fehler, der
durch den Misbrauch der Inverſion oft be=
gangen wird. **Die ſchöne Phillis be=
klagte die ganze Flur.** Audiui Cle-
mentem Dauum percuſſiſſe. Geſetzt
auch, man wiſſe wohl, welches der Nomi=
nati=

nativus oder Accusativus sei; so streitet
es doch wider die Genauigkeit, und ver‐
räth eine Sorglosigkeit, die wir dem Schrift‐
steller nicht gern vergeben; weil er uns ohne
Noth zu schaffen macht. Quintilian
führt folgendes Beispiel an: Se vidisse
hominem librum scribentem, und ta‐
delt es, obschon Jedermann weiß, daß
nicht das Buch sich selbst, sondern der
Mann es geschrieben habe. Nam etiamsi
librum ab homine scribi pateat, non
certe hominem a libro; male compo‐
suerat, feceratque ambiguum, quan‐
tum in ipso fuit. Zur Ordnung gehöret
noch die schickliche Vertheilung der Parti‐
keln, oder die Präpositionen, wenn ihrer
mehrere in einem Satze zusammenkommen.
Ich erhielt von ihm gestern mit Ver‐
gnügen die Nachricht. Besser: Mit
Vergnügen erhielt ich gestern die
Nachricht von ihm. Oder: Gestern
erhielt ich mit Vergnügen die Nach‐
richt von ihm.

In Ansehung der Sätze ist Folgendes
zu beobachten. Die Beziehungswörter
müssen allzeit so gestellet werden, daß man
nicht erst errathen muß, worauf sie sich
eigentlich beziehen. Die Wichtigkeit
der Lehre, welche Paulus verthei‐
digte, erfüllte ihn mit dem Eifer

M 4 eines

eines Apostels, welchen die ganze Welt an ihm bewunderte. — Hier weiß der Leser nicht, ob das welche auf Wichtigkeit, oder auf die Lehre, das, welcher, auf den Eifer, oder auf den Apostel sich beziehe. Besser also: Die Wichtigkeit, der von Paulus vertheidigten Lehre, erfüllte ihn mit jenem apostolischen Eifer, welcher u. s. w.

Ein gleiches gilt von den Wörtchen: sie und ihnen, deren Stellung oft den ganzen Sinn verwirrt. Die Türken haben sich mit den Kaiserlichen geschlagen, nachdem sie ihnen den Waffenstillstand aufgekündet hatten. Niemand weiß, wer den Waffenstillstand zuerst aufgekündet habe.

§. 172.

Einheit.

In einzelnen Wörtern herrschet Einheit, wenn sie nur eines einzigen Sinnes in ihrer gegenwärtigen Stellung fähig sind. Alles, was mehrere Sinne darein legen kann, stehet der Einheit entgegen. Der Schriftsteller muß, wenn er sich eines Wortes von schwankender Bedeutung bedienen will, den Begriff, den er damit verbindet, fest-

feſtſetzen, und dieſem in der Folge getreu
bleiben. Ein Geſetz, das noch wenige unſerer beſten Schriftſteller in ſeinem ganzen
Umfange erfüllet haben.

Einheit der Sätze iſt diejenige Eigenſchaft,
kraft welcher dieſelben in einem einzigen
gemeinſchaftlichen Hauptprincip, als ihrem
Mittelpunkte zuſammenlaufen. In ganzen Sätzen wird die Einheit durch folgende
Regeln befördert.

1) Muß keine Veränderung der Perſon,
oder des Subjekts, welches einmal er-
ſcheint, ohne Noth vorgenommen werden.
,,Nachdem wir Anker geworfen, ſtieg ich
an's Ufer, wo ich von meinen Freunden
empfangen ward, welche mich mit der größten Höflichkeit aufnahmen''.

2) Nichts darf in einen Satz geſchoben,
oder hinten angehängt werden, das nicht
dahin gehört. z. B. ,,Cicero, welcher
ſeine Tochter unglücklicher Weiſe verheira-
thet hatte, ſtarb auf Befehl des rachſüch-
tigen Antonius''. ,,Tillotſon, ſagt
ein Engliſcher Schriftſteller, war ſehr beliebt bei der Königinn Eliſabeth, welche
den D. Tenniſon, Biſchof von Lincoln,
zu ſeinem Nachfolger beſtimmte.

3) Ver-

3) Vermeidung der Parenthesen, beson=
ders der langen; so viel es möglich ist.
„Ist das Philosophie, dem Tode die Sense
gewaltsam aus der Hand winden, um
(Worte und Begriffe fliehen einander)
sich selbst eine zu wählen"?

4) Die Präposition der Verborum muß
nicht zu weit von ihnen getrennt werden.
„Die Religion flößet uns Trost, Muth,
und Standhaftigkeit in den widrigsten Zu=
fällen unsers Lebens ein". Wir haben das
flößet schon vergessen, da wir das ein
hören.

§. 173.
Zierlichkeit.

So viel von den Mitteln, die Deutlich=
keit zu befördern. Nun haben wir noch
von der Zierlichkeit, dem vorzüglichsten Ge=
genstande des ästhetischen Schriftstellers zu
handeln. Deutlichkeit allein machet noch
kein ästhetisch vollkommenes Werk: sie
macht das Zimmer, wenn ich mich dieses
Ausdruckes bedienen darf, helle: sie richtet
es zur Nothdurft ein; aber sie schmücket es
nicht mit reizenden Bildern und geschmack=
vollen Meubeln. Dafür sorget die Zier=
lichkeit.

Die

Die vorzüglichsten Eigenschaften, wel=
che einem Werke Anspruch auf Zierlichkeit
geben, sind Stärke, Wohlklang, Wür=
de, Lebhaftigkeit. lasset uns von jeder
insbesondere handeln.

§. 174.

Stärke.

Gesundheit und Stärke sind eben so
wohl Bestandtheile der Schönheit in einer
Schrift, als im menschlichen Körper. Wir
nennen einen Menschen stark, wenn seine
Knochen fest, seine Muskeln dauerhaft,
und seine Nerven mit Schnellkraft versehen
sind. Die Schreibart ist stark, wenn in
allen ihren Theilen Consistenz, das heißet,
Sinn und Bedeutung liegt. Zur Stärke
gehöret also

1) Gedrängtheit. Es müssen so viele
Gedanken, als möglich, in so wenig Wor=
ten, als möglich, enthalten sein. Da=
durch wird die Eigenliebe des Lesers geschmei=
chelt, indem er den reichen Vorrath an
Ideen, den ihm der Schriftsteller darbietet,
in sich selbst zu finden glaubt. Wörter,
die bloß die Lücke ausfüllen, schwächen alle=
mal den Eindruck.

Est brevitate opus, ut currat sententia, neu se
Impediat verbis, lassas onerantibus aures.

HORAT.

Schriftsteller, die dem Leser nichts zu den=
ken lassen, gleichen jenen lästigen Gesell=
schaftern, welche die alltäglichsten Dinge bis
zum Eckel erklären, und dadurch ihren Zu=
hörern eben kein großes Kompliment ma=
chen. Obstat, quidquid non adjuuat,
sagt Quintilian sehr richtig. Und
Pope:

Words are like leaves; and where they most
abound,
Much fruit of sense beneath is seldom found.

Wenn entbehrliche Wörter den Stil er=
klären; so thun dies überflüßige Sätze um
so mehr. „Jede, auch die kleinste Ent=
deckung von Schönheit, erfüllet die Seele
mit Freude, und verbreitet Wonne durch
jede ihrer Kräfte“. Addison. „Mensch,
hast du einmal die Lebens= und Leidensge=
schichte des Hochgelobten gelesen, oder le=
sen hören: fandest du nicht, daß seine Le=
bensreise, von der Geburt in der Höhle zu
Bethlehem bis zum Sterben auf Golgotha,
mit Dornen dicht besäet war, daß die letz=
ten drei Jahre, und besonders die letztern
Stunden seines Lebens die lebhafteste Lei=
densgeschichte der Menschheit liefern; daß
aber jede Stufe des Leidens für ihn eine
höhere Stufe zur Herrlichkeit, und daß die
höchste Stufe des Leidens, das Geistaufge=
ben am Kreuzepfahl, die nächste Stufe zum
Throne

Throne der Herrlichkeit für ihn ward" u.
f. w. „Allein diese Selbstliebe ist keine
vernünftige (von den Grundsätzen der Ver=
nunft geleitete) Selbstliebe".

2) Zweckmäßiger Gebrauch, oder Nicht=
gebrauch der Partikeln: aber, und, u.
d. g. Veni, vidi, vici. Wie ungleich
wäre der Ausdruck: Veni, et vidi, et
vici. Ein ähnliches Beispiel steht in dem
Commentar desselben Helden, der obige
Worte sprach. Noſtri, emiſſis piſis,
gladiis rem gerunt; repente poſt ter-
gum equitatus cernitur: cohortes
aliae adpropinquant: hoſtes terga ver-
tunt: fugientibus equites occurrunt:
fit magna caedes. Bell. Gall. L. 7. Ein
andermal bedient er ſich des Verbindungs=
wörtchens et mit Nachdruck: His equiti-
bus facile pulſis ac perturbatis, (Neruii
caeſi) incredibili celeritate ad flumen
decurrerunt; vt pene vno tempore,
et ad ſiluas, et in flumine, et jam in
manibus noſtris hoſtes viderentur.
Bell. Gall. L. 2. Es laſſen ſich eigent=
lich keine allgemeine Vorſchriften geben,
wann dieſe Partikeln weggelaſſen, oder ge=
braucht werden ſollen. Es kömmt hier das
Meiste auf das Gefühl an. Doch ſcheinet
die *)

die Beobachtung Blairs richtig zu seyn,
daß man die Bindewörtchen weglassen solle,
wo es hauptsächlich auf Geschwindigkeit
der Vorstellungen ankömmt; brauchen soll
man sie aber, wo man auf mehrere Dinge
aufmerksam machen will. „Die Kräfte
meiner Seele und meine gute Neigung haben ihr Maas behalten; und ich habe noch
das Vermögen, Gutes zu thun". Fräul.
von Sternheim. „Sage, daß ich der
Tugend getreu, aber unglücklich, in den
Armen des bittersten Kummers, meine
Seele voll kindlichen Vertrauens auf Gott,
und voll liebe gegen meine Mitgeschöpfe
ihren Schöpfer zurückgegeben, daß ich zärt-
lich meine Freunde gesegnet, und aufrich-
tig einen Freund vergeben habe". Ebendas.
„Hier haben Sie ihren jungen Rich; Gott
gebe ihm mit Ihren Namen Ihren Geist,
und Ihr Herz! — Ein entzückender Schmerz
durchdrang meine Seele: „Er ruht in mir,
Niemand soll jemals eine Beschreibung von
ihm haben". Ebendas.

Und ist noch, und denkt noch, und fluchet,

Daß er noch ist.   Klopstock.

3) Vortheilhafte Stellung des Hauptwortes. In jedem Satze herrschet ein
Hauptbegriff; dieser muß an den Ort gestellt werden, wo er den stärksten Eindruck
macht.

macht. Soll eine Idee mit besonderm
Nachdrucke dargestellt werden, so muß uns
die Inversion zu Hülfe kommen, versteht
sich, ohne die Geseze der Sprache zu übers
treten.

* Von der Inversion, in wie ferne sie er=
laubt, oder nicht erlaubt sei. S. Ade=
lung von dem Stil. S. 301.

4) Schickliche Gradation oder Steige=
rung. Der Schriftsteller muß dem Gange
des menschlichen Herzens folgen, welches
immer mehr, nie weniger wünscht. Sagt
er uns das Wichtigste zuerst, so beleidigt
er uns durch das Minderwichtige, welches
hinten drein kömmt. Wir glaubten, in
hohen Regionen zu wandeln; jetzt zwinget
er uns, wieder in ein niederes Thal herab=
zusteigen. Hätte er die Ordnung umge=
kehrt, so würde er uns eine angenehme
Empfindung gemacht haben. Diese Stu=
fenordnung wußte Cicero genau zu bes
bachten, und dadurch seinen Reden Kraft
und Nachdruck zu verschaffen. Wie kraft=
voll ist nicht folgende Stelle aus der Rede
für Milo. Clodius wird beschuldigt,
er habe den Pompejus ermorden wollen.
„Atqui si res, si vir, si tempus vllum
dignum fuit, certe haec in illa caussa
summa omnia fuerunt. Insidiator erat
in

in foro collocatus, atque in veſtibulo ipſo Senatus; ei viro autem mors parabatur, cujus in vita nitebatur ſalus ciuitatis; eo porro reipublicae tempore, quo ſi vnus ille occidiſſet, non haec ſolum ciuitas, ſed gentes omnes concidiſſent".

Ja auch euch, ſo die ewige Nacht im Ab-
grunde quälet,
Und in der Nacht ein ſtrafendes Feuer, Im
Feuer Verzweiflung,
In der Verzweifelung Ich! euch will er vom
Tode befreien!

Klopſtock.

Miltons Satan beſchlieſſet ſeine Rede an die übrigen gefallenen Engel mit folgendem Verſe:

Awake, ariſe, or be for ever fall'n!

Cauendum eſt, ne décreſcat oratio, et fortiori ſubjungatur aliquid infirmius; ſicut ſacrilego, fur; aut latroni, petulans. Augeri enim debent ſententiae et inſurgere. QuinTILIAN.

Eine Folge dieſer Regel iſt, daß man den Satz, oder die Rede mit keinem unbedeutenden Worte beſchließe. „Intoleranz hat die ſchrecklichſten Uebel in der Menſchheit geſtif-

geſtiftet; ſie hat die Ruhe der Familien zerſtört, die Grundfeſten der Staaten erſchüttert, blutige, und langwierige Kriege erzeuget, wie man aus der Geſchichte weiß".

5) Schickliche Stellung der Parallele und Antitheſen. Aehnlichkeit und Contraſt fallen beſſer in die Augen, wenn die Worte, welche die Aehnlichkeit, oder den Contraſt bezeichnen, in einem Satze, wie im andern gereihet werden. Genaue Schriftſteller nehmen ſo gar auf die Zahl und Länge der Sylben Rückſicht. Ein wahres Meiſterſtück iſt die Vergleichung, welche Pope zwiſchen Homern und Virgiln anſtellt:

„HOMER was the greater genius, VIRGIL the better artiſt: in the one, we muſt admire the man, in the other the work. HOMER hurries us with a commanding impetuoſity: VIRGIL leads us with an attractive majeſty. HOMER ſcatters with a generous profuſion; VIRGIL beſtows with a carefull magnificence. HOMER like the Nile, pours out his riches with a ſudden overflow; VIRGIL, like a river in its banks, with a conſtant ſtream. And when we look upon their machines, HOMER ſeems like his own

N   Jupi-

Jupiter in his terrors, shaking Olympus, scattering the lightnings, and firing the heavens; VIRGIL, like the same Power, in his benevolence, counselling with the Gods, laying plans for empires, and ordering his whole creation". Preface on HOMER.

„Homer war mehr Genie, Virgil mehr Künstler: an dem Einen bewundern wir den Meister, am Andern das Werk. Homer reisset uns fort mit gebieterischer Ungestümme, Virgil leitet uns mit sanfter Majestät. Homer theilt seine Reichthümer mit großmüthiger Verschwendung, Virgil mit kluger Prachtliebe aus. Homer überströmet, gleich dem Nil, und ergießet auf einmal seinen befruchtenden Segen: Virgil wallet gleich einem, in seinen Ufern eingeschlossenen, immer gleichen Strome daher. Betrachten wir ihre Maschinen, so dünkt uns Homer seinem eigenen Jupiter zu gleichen, wenn er den Olympos erschüttert, Blitze schleudert, und die Himmel in Flammen setzet. Virgil aber gleichet demselben Gotte, wenn er gut ist, wenn er sich mit seinen Göttern berathschlaget, Plane zu Königreichen entwirft, und seine ganze Schöpfung regiert".

Mach'

Mach' deinen Raupenstand, und einen Tropfen
Zeit,
Den nicht zum letzten Ziel, den nicht zur
Ewigkeit,

Haller.

§. 175.

Würde.

Quintilian sagt: Nihil poteſt placere, quod non decet. Menſchen von
feinem Gefühle und edler Denkungsart können an keinem Werke ein Vergnügen finden, in welchem nicht Anſtand und Adel
herrſchet. Der Anſtand bezieht ſich auf die
Beobachtung derjenigen Verhaltungsregeln,
welche uns entweder die Natur, oder die
Convention der gebildeten Stände vor-
ſchreiben. Der Adel ſchließet alle ſolche
Wörter und Redensarten aus, welche nur
von rohen, ungebildeten Menſchen gebraucht werden. Anſtand und Adel zu-
ſammengenommen machen die Würde der
Schreibart aus.

§. 176.

Anſtand.

Wider den Anſtand ſündigt der Schriftſteller durch unmoraliſche Schilderungen,
durch Unkunde der großen Welt, und Ver-

N 2 nach-

nachläßigung der guten Lebensart. Das
beste Mittel, zu erkennen, ob man wider
den Anstand sündige oder nicht, ist, sich
in Gedanken vor eine große Gesellschaft
feiner Menschen zu stellen, und zu fragen:
Würdest Du dir erlauben, dies zu sagen?
und so zu sagen?

§. 177.

Adel.

Adel in der Sprache nennet man eine
gewissenhafte Auswahl solcher Wörter und
Redensarten, welche nur von den höhern und
gebildetsten Volksklassen gebraucht werden:
Was diese ausgemustert haben, nennt man
unedel; und, wenn es selbst in den mittlern Klassen nicht gebrauchet wird, niedrig, pöbelhaft. Die Sprache stehet,
wie schon oben erinnert worden, im äng-
sten Verhältnisse mit der Cultur und
Verfeinerung einer Nazion. Sie veredelt
sich in eben dem Maaße, in welchem sich
die Denkungs- und Empfindungsart der
Nazion veredelt. Sie mustert also von
Zeit zu Zeit solche Ausdrücke und Benennungen aus, welche die Feinheit ihres Geschmacks beleidigen.

§. 178.

§. 178.

Gränzlinien des Edlen und Unedlen.

Allein, wo finden wir die edelste Sprache? Wer zeiget uns die Gränzen, welche
das Edle vom Unedlen trennet? Bestimmt
läßt sich nun diese Frage so im Allgemeinen
freilich nicht beantworten; aber sie zernich-
tet deswegen den Unterschied des Edlen und
Unedlen nicht. Wer hat auch die Gränzen des Pflanzen- Thier- und Geisterreiches
ausgesteckt? Indeß wissen wissen wir doch
in den meisten einzelnen Fällen zu bestimmen, in welches von den dreien ein gege-
benes Individuum gehöre. Eben so, wenn
vom Edlen oder unedlen der Sprache und
Schreibart die Rede ist.

§. 179.

Absolute und relative Würde.

Es giebt Wörter und Redensarten, welche schlechterdings in keiner guten Gesellschaft, und folglich in keiner Art von schrift-
lichen Aufsätzen, ohne Verletzung des An-
standes, können gebraucht werden. Die
Vermeidung derselben macht die absolute
Würde der Schreibart aus. Andere Wörter taugen zwar nicht für den ernsten, feierlichen Umgang, doch werden sie in ver-

trau-

trauten, oder scherzhaften Unterhaltungen
geduldet. Die Person, der Ort, der Stoff,
die Absicht, sind eben so viele Gesichtspunkte,
auf welche der Schriftsteller sehen muß,
um in seinen Worten die schicklichste Auswahl zu treffen. Die Vermeidung aller un-
schicklichen, mit der jedesmaligen Lage, Person, Absicht des Schriftstellers, und der
Wichtigkeit des Stoffes nicht übereinstimmenden Ausdrücke heißt relative Würde.

§. 180.

Sünden wider beide Arten der Würde.

Es streitet wider die absolute Würde
a) wenn man gewisse Handlungen, die
man im gemeinen Leben sich scheuet öffent-
lich zu thun, mit dürren Worten benennet.
b) Wenn man sich solcher Wörter bedient,
welche einen eckelhaften Nebenbegriff erwecken.— In Ansehung der relativen Würde lassen sich keine bestimmte Vorschriften
geben. Die sichersten Mittel, sich vor Feh-
lern wider dieselbe zu bewahren, sind
a) Umgang mit feinen und gebildeten Menschen. b) Aufmerksame Lektüre der besten
Schriftsteller seiner Zeit.

* Etwas vom Gebrauche der Sprüchwörter.

§. 181.

§. 181.

Positive Würde.

Bisher haben wir die Würde blos als
eine negative Vollkommenheit betrachtet;
es giebt aber auch eine positive Würde.
Unter dieser verstehe ich die Auswahl sol‑
cher Ausdrücke, aus denen man auf einen
hellen Kopf, und ein edles Herz, mit ei‑
nem Worte, auf geistige Vollkommenhei‑
ten von Seiten des Verfassers schließet.
Der Grund dieser Würde liegt aber haupt‑
sächlich in der Empfindungs‑ und Denk‑
ungsart; so wie die Würde im Betragen
eines Mannes durch keine Kunst wird nach‑
geahmt werden, wenn's an der Seele fehlt.
Es ist mit den Worten, wie mit den Ge‑
sichtszügen, Blicken, und Bewegungen
eines Menschen.

§. 182.

Wohlklang.

Bisher haben wir die Wörter und Re‑
densarten in Rücksicht auf ihre Bedeu‑
tung betrachtet. Jezt wollen wir sie in
Rücksicht auf den Eindruck, welchen sie auf
die Gehörswerkzeuge machen, noch kürz‑
lich betrachten. Vor allem muß hier nach‑
gelesen werden, was oben von der Musik
der Sprache gesagt worden.

Unter dem **Wohlklang** verstehe ich jene Eigenschaft eines Aufsaßes, kraft welcher er, wenn er vorgelesen wird, die Werkzeuge des Gehörs auf eine angenehme Weise beweget. In Ansehung des angenehmen Eindruckes, welche die Wörter auf das Gehör machen, müssen wir **Euphonie** und **Numerus** unterscheiden. Die Euphonie bezieht sich auf die angenehme Aussprache einzelner Wörter und Redensarten. Der Numerus bezieht sich auf die Anzahl der Sylben, welche in einem Athemzuge ausgesprochen werden, auf die länge und das Ende der Construktionen.

§. 183.

Nothwendigkeit des Wohlklanges.

Die Hauptsache in jeder Rede oder Schrift ist freilich der Sinn; aber der Wohlklang darf doch nicht, besonders in mündlichen Vorträgen, vernachläßigt werden. Vermittelst desselben wird die Aufmerksamkeit des Zuhörers gereizt, die Gemüthsbewegung, welche man erwecken will, befördert, und mit dem Vergnügen, das aus dem Sinne entsteht, jenes des Gehörs verbunden.

§. 184.

§. 184.

Euphonie.

Es wäre vergeblich hierüber etwas Allge=
meines bestimmen zu wollen. Es ist in der
Rede, wie in der Musik. Jeder Ton kann,
wenn er am rechten Orte gebraucht wird,
gute Wirkung thun; eben so jedes Wort.
Selbst die Dissonanzen tragen oft zur
Schönheit bei. Uebrigens weiß Jeder=
mann, daß wir jene Wörter gerne hören,
welche aus einer Mischung von kurzen und
langen Sylben, von Hauptlautern und
Hülfslautern bestehen.— Man kann es als
einen Grundsatz annehmen: Je schwerer
ein Wort auszusprechen ist, desto unange=
nehmer ist es zu hören. Lange Wörter hö=
ren wir lieber, als einsylbige; aus dem
leichtzubegreifenden Grunde der Mannig=
faltigkeit. Am wenigsten können wir die
einsylbigen Wörter am Ende leiden; be=
sonders in feierlichen Sentenzen. Da hö=
ren wir lieber Wörter, wie diese sind: Be=
dauern, bereit, unverwerflich, ver=
herrlichen, preisen u. s. w.

Dem Wohlklang einzelner Wörter
steht die Härte entgegen. Härte entsteht
a) durch angehäufte Consonanten, b) durch
aufeinander folgende Vokalen, c) durch
gewalt=

gewaltſame Zuſammenziehungen. Baur, Feur, ſtatt Bauer, Feuer. Auf'm, aus'm, wo das Auslaſſungszeichen (') umſonſt zu Hülfe genommen wird. d) Durch Weglaſſung des Buchſtaben (e) am Ende des Wortes. Die Lieb'. e) Durch öftere Wiederholung derſelben Sylben und Buchſtaben, beſonders im Anfange.

Er ſtiftet einſt ein eigenes Reich. Die älteſten Urkunden der Hebr. Kap. 16.

Laudamus verba bene rebus accommodata: ſola eſt quae notari poſſit velut vocalitas, quae ωςεια dicitur, cujus in eo dilectus eſt, vt inter duo, quae idem ſignificant, ac tamtumdem valent, quod melius ſonat, malis. Quintil. I, 5.

§. 185.

Numerus.

Die Euphonie hat es, muſikaliſch zu reden, mit der Auswahl der weichen, oder harten, hohen, oder tiefen Töne zu thun; der Numerus beſorgt die Einſchnitte, Ruhepunkte, und Cadenzen. Die Worte einer Schrift mögen noch ſo gut gewählt ſein; fehlt es ihnen an ſchicklicher Vertheilung und Stellung, ſo machen ſie auf den Zuhörer

hörer einen unangenehmen Eindruck. Unter den Römern zeichnet sich vorzüglich Cicero durch die Beobachtung des Numerus aus. Was kann schöner lauten, als folgender Satz, aus der vierten Rede gegen den Catilina. Cogitate quantis laboribus fundatum imperium, quanta virtute stabilitam libertatem; quanta Deorum benignitate auctas exaggeratasque fortunas vna pene nox delerit. Ein Beispiel einer rythmischen Erzählung steht in Wielands goldenem Spiegel. I. Theil. S. 45. — Zollikofers Reden verdienen hier auch als Muster gerühmt zu werden. So auch Duschens moralische Briefe. Abt erlaubet sich viele Härten. Unsere neuern Schriftsteller scheinen auf den Numerus zu wenig Rücksicht zu nehmen.

§. 186.

Eine Bemerkung über die alten Sprachen in Ansehung des Numerus.

Die Ursachen, warum die alten Sprachen uns hierinn übertreffen, sind hauptsächlich folgende. a) Sie hatten eine festgesetzte Prosodie, wir nicht so ganz. b) Ihre Wörter waren länger und volltönender,

der, als die unserigen. c) Die Deklina-
tionen und Conjugationen erlaubten ihnen
die zur Harmonie schicklichen Versetzungen.
d) Die Griechen waren empfindlicher gegen
die Musik, als unsere Landsleute. Ihre
Schauspiele waren nie ohne Gesang. Aristoteles betrachtet diesen als einen wesentlichen Bestandtheil des Schauspieles. So
auch bei den Römern. Daher das modos
fecit, das tibiis dextris et siniſtris beim
Terenz. Alle öffentliche Vorträge waren
eine Art von Recitativen. Bei den Athe-
niensern war für das Vorlesen der Gesetze
eine eigene Melodie bestimmt. Melodia
νομικη. Gracchus, der berühmte römi-
sche Redner, hatte bei seinen öffentlichen
Reden einen Pfeifer hinter sich stehen, der
ihm den Ton angeben mußte. Conciones,
sagt Cicero, saepe acclamare vidi,
cum verba apte cecidiſſent. Orator.

§. 187.

Einschnitte.

Die Einschnitte müssen so eingerichtet
sein, daß sie für Ruhepunkte gelten können, in welchen der Sprechende Athem
schöpfet. Gegen das Ende muß die Rede
wachsen, nicht allein wegen der Stärke,
sondern auch wegen des Gehörs. Das

Ohr

Ohr verlanget so gut, als der Verstand,
das Vollkommenste gegen das Ende. Jn=
deß machet der Stoff und die Absicht des
Schriftstellers einen großen Unterschied
zwischen den Einschnitten. Die concise
Schreibart wird in Briefen und in der Ge=
schichte, die periodische in Reden und fei=
erlichen Verordnungen vorgezogen. Aber
auch hier muß immer Abwechslung Statt
haben.

* Topalischer Numerus.
Sieh Battcux von Ramler übersetzt,
Abschn. IV. Kap. 8.

§. 188.
Cadenz.

Der Schlußfall ist der empfindlichste
Theil für das Gehör; er fodert also die
größte Sorgfalt.— Quintilian sagt:
Non igitur durum sit, neque abrup-
tum, quo animi velut respirant ac re-
ficiuntur. Haec est sedes orationis;
hoc auditor exspectat; hic laus omnis
declamat. Indessen lassen sich auch hier=
über keine bestimmte Vorschriften geben.
Die Schlußfälle in der Poesie sind durch
die Kunst bestimmt: alle Absätze der Verse
sind gleich, oder doch symmetrisch geordnet;
das Ohr fühlt allzeit, auf welchem Punkte
                                        seines

seines Weges es ist. Nicht so in der Prosa.
Hier hat das Ohr keinen andern Führer,
als die natürliche Empfindung. Diese muß
allein von der Periode, ihren Einschnitten,
ihrer verhältnismäßigen Ausdehnung, und
von den Endungen urtheilen, die sie nach
Maßgebung des Vorhergehenden oder des
Nachfolgenden haben muß. Es kömmt hier
Alles auf den Geschmack, auf jenes unbe-
schreibliche Gefühl des Schicklichen an,
welches den glücklichen Künstler charakte-
risirt. Die Alten versuchten es, die Füße
zu bestimmen, welche sich am besten zu den
Schlußfällen schickten. Sie sagten: der
doppelte Trochäus (Dichoräus beim Cicero)
klinge majestätisch, comprobauit, der
Päon voll, definite; der Jambus lebhaft,
der Daktylus prächtig, der Spondäus ernst-
haft, der Molossus schwülstig u. s. w.
Aber der Redner oder Schriftsteller, welcher auf solche Schlußfälle Jagd machen
wollte, würde oft Gefahr laufen, ins
Affektirte und lächerliche zu verfallen.
Selbst Cicero, der sich durch seine nu-
merosa Oratio so vortheilhaft auszeich-
nete, warnet vor der allzudngstlichen Wahl
der Schlußwörter. Neque vos paeon
aut herous ille conturbet; ipsi occur-
rent et respondebunt non vocati.
Ich glaube, wer richtig denkt, und seiner
Spra-

Sprache mächtig ist, wird in den Schluß=
wörtern selten eine unglückliche Wahl tref=
fen. Gedanke und Ausdruck hängen so
genau aneinander, daß es meistens nur an
jenem fehlet, wenn dieser dem Ohre lästig
ist.

§. 189.

Fehler wider den Numerus.

Wider den Numerus sündigt der Schrift=
steller a) durch allzulange Perioden, in
welchen weder für den Gegenstand, noch
für den Verstand, noch für den Athem
Ruhepunkte gefunden werden. Man nen=
net diesen Fehler das Schleppende. b)
Durch Vernachläßigung der Proportion in
den verschiedenen Theilen der Perioden,
und der ganzen Rede. c) Durch Mängel
an Abwechslung. Nichts schläfert leich=
ter ein, als Monotonie, ein Fehler, in
welchen studierende Jünglinge leicht verfal=
len, weil sie ihre Perioden nach der Anga=
be des Schullehrers, nicht nach ihrer eige=
nen Empfindung machen dürfen. Besser
kein Numerus, als das ewige Einerlei.

* Die Sorgfalt für den Numerus hat ihre
Gränzen, welche von schwachen Rednern
nur allzuoft überschritten werden. Wenn
etwas nicht voll genug tönt; so behilft
man

man sich mit leeren Tönen, die man complementa Numerorum nennt. Solche complementa Numerorum sind kindische Zierrathen, welche die wahre Schönheit nur verhüllen, und den Ausdruck entkräften. Die Hauptsache ist der Sinn: diesem muß der Wohlklang untergeordnet sein. Nachdem Quintilian eine Menge Vorschriften für den Wohlklang in der Prosa gegeben hat, kömmt er endlich, geleitet von seinem gesunden Menschenverstande, auf diese Bemerkung: In vniuersum, si sit necesse, duram potius atque asperam compositionem malim esse, quam essoeminatam ac oneruem, qualis apud multos. Ideoque vincta quaedam de industria sunt soluenda, ne laborata videantur; neque vllum idoneum aut aptum verbum praetermittamus, gratia lenitatis. L. IX, 4. Selbst Cicero trieb die Sorge für den Numerus zu weit. In der Rede pro Lege Manilia bedient er sich nicht weniger als elfmal des Wortes videatur am Schlusse der Periode. Demosthenes bekümmerte sich weniger darum; ihm war es einzig um hohe Gedanken, ernsthafte Bemerkungen, eindringende, erschütternde Vorstellungen zu thun. Der Numerus war zu klein für seine Aufmerksamkeit; ob er ihm gleich nicht überall fehlte.

** Sieh Ramlers Batteur Th. II. Kap. VIII. Sulzer Theorie Art. Numerus. Cicero Orator. Adelung über den Stil Kap. V.

§. 190.

§. 190.
Lebhaftigkeit.

Unter der Lebhaftigkeit verstehen wir
jene Eigenschaft der Schreibart, kraft welcher sie auf die untern Seelenkräfte wirkt,
oder was eben so viel ist, anschauende Erkenntnis gewähret. Man sieht schon aus
diesem Begriffe, wie unentbehrlich sie in
jedem Werke sei, das auf Schönheit Anspruch machen will. Die schönen Künste haben es ja überhaupt mit der sinnlichen Darstellung sinnlicher Vollkommenheit zu thun,
Selbst in didaktischen Schriften muß Lebhaftigkeit, wiewohl in geringerem Maße,
herrschen. Denn ob sie gleich hauptsächlich
auf die obern Kräfte der Seele gerichtet
sind; so dürfen sie doch die niedern nicht
vernachläßigen, weil diese noch immer
großen Einfluß auf jene behaupten. Ader
lung glaubt, Lebhaftigkeit sei Schönheit der Schreibart im ängern Sinne des
Wortes; indem die bisher aufgezählten Eigenschaften einer guten Schreibart, z. B.
die Sprachrichtigkeit, Würde, Wohlklang u. s. w. nur negative Eigenschaften
seien.

* Unter den neuern Schriftstellern hat, meines Erachtens, Adelung die Lehre von
der Lebhaftigkeit des Stils in das beste
Licht

Licht gesetzt: ich werde ihm also darinn
folgen dürfen.

§. 191.

Figuren.

Alle Lehrer der Wohlredenheit kommen
darinn überein, daß die Figuren die besten
Mittel sind, dem Stil Lebhaftigkeit zu ver=
schaffen. Aber keiner hat noch so gut, wie
Adelung, bestimmt, was eigentlich eine
Figur sei. Wer Lust hat, die schwankenden,
zum Theile sehr elenden, und nichtssagen=
den Beschreibungen, welche die alten Lehrer
davon gaben, zu lesen, der mag den 4ten
§. des IX. Kapitels von Adelung nach=
sehen.

Blair sagt, „Figuren seien überhaupt
die Sprache der Einbildungskraft und der Lei=
denschaften". Wir sagen noch bestimmter:
Figuren nennen wir jene Modifikationen des
Ausdruckes, oder jene Hülfsmittel in ein=
zelnen Fällen, welche uns die Sprache dar=
bietet, auf die untern Seelenkräfte zu wir=
ken. Daraus ergiebt sich von selbst die Ein=
theilung in Figuren der Aufmerksamkeit,
Figuren der Einbildungskraft, Figuren der
Leidenschaften, Figuren des Witzes und des
Scharfsinnes; denn dies sind eigentlich die
Kräfte, welche hier in Betrachtung kom=
men.

men. Die Eintheilung in Wort- und Sach-
figuren ist von keinem Nutzen.

§. 192.
Ursprung der Figuren.

Quintilian giebt folgende Beschreibung von den Figuren. Figura est con-
formatio quaedam orationis remota
a communi et primum se offerente ratione. Ein Beweis, daß er dem Ursprunge der Figuren nicht genug nachgespüret
hat. Denn dieser liegt in der Natur selb[st]
die figürliche Sprache ist die Sprache der
Urwelt, des Barbaren.— Die Armuth der
Sprache, die Heftigkeit der Leidenschaften,
die Macht der Einbildungskraft sind die besten Lehrerinnen der figürlichen Sprache.
Dies beweisen die ältesten Urkunden der
Vorwelt, die Art, mit welcher sich wilde
Völker ausdrücken, und mit welcher selbst
gesittete Menschen sich ausdrücken, wenn
sie in der Leidenschaft sprechen. Von dem
Ursprunge der Tropen insbesondere wird
unten noch etwas nachkommen.

Die Benennung: Figur (griechisch
σχημα) mag daher kommen; weil die meisten Figuren wirklich dem Ausdrucke etwas
bildliches geben. Dieser Name wurde
D 2   dann

dann auch auf jene übertragen, welche dies
nicht leisten.

§. 193.

Nutzen der Figuren.

Die Figuren gewähren der Schreibart
große und viele Schönheiten. 1) Sie bereichern die Sprache, indem sie die Ausdrücke auf mancherlei Weise vervielfältigen, und dadurch uns in den Stand setzen,
auch die kleinern Schattirungen unserer
Gedanken auszudrücken, welches wir ohne
Hülfe der Tropen und Eigenschaften wahrscheinlicher Weise nicht könnten. 2) Sie
geben der Schreibart Würde. Worte,
die zu oft gebraucht werden, erniedrigen
den Stil. Wir nehmen also unsere Zuflucht zu den Figuren, um Gegenstände,
die eben nicht durch ihre eigene Größe schon
genug glänzen, in ein großes Licht zu setzen.
Figuren leisten hier, was prächtige Klei-
der, Meubeln, und Gebäude bei vorneh-
men Personen leisten müssen. Die Prosa
kann vielleicht dieses äusserlichen Schmu-
ckes entbehren; aber die Poesie nicht. Wenn
ich in einem Gedichte sage: Selbst die
Lästerer schwiegen; so ist dies ein gemeiner, unpoetischer Ausdruck. Dafür sagt
Klopstock:

Selbst

Selbſt der Läſternden Menge
Ungeſtümm legte ſich, wie am unbeſtürmten
Geſtade
Sich der Ocean legt.
Meſſ. IX.

Milton ſinget nicht: „Die Sonne gehet
auf; ſondern:

But yonder comes the pow'rfull king of day
Rejoiciny in the eaſt.

Wir müſſen alle ſterben. So etwas
kann auch der elendeſte Kapuziner predigen. Horaz weiß dieſer wichtigen Wahrheit ein ſchöneres Gewand umzuwerfen.

Pallida mors aequo pulſat pede pauperum ta-
bernas
Regumque turres.

Oder:

Omnes eodem cogimur; omnium
Verſatur vrna, ſerius, ocyus
     Sors exitura, et nos in aeternum
     Exilium impoſitura cymbae.

Wenn Pope die Begränztheit des menſchlichen Geiſtes ſchildern will, ſo ſaget er
nicht: Wenn eine unſerer Seelenkräfte zunimmt, ſo nimmt die andere ab;
ſondern:

As on the land while here the ocean gains,
In other parts it leaves 'wide fandy plains;'
Thus in the foul while memory prevails,
The folid pow'r of underftanding fails.
Where beams of warm imagination play,
The memory's foft figures melt away.

3) Die Figuren machen uns oft das Ver=
gnügen, zu gleicher Zeit zwei Gegenſtände
ohne Verwirrung zu erkennen. Dies gilt
beſonders bei den Metaphern. Die Seele
denkt nebſt der Idee, welche durch die Me=
tapher ſoll dargeſtellt werden, auch den
Gegenſtand, von welchem die Metapher ge=
nommen iſt. Dadurch wird ſie angenehm
beſchäftiget, und findet ſchon in dem Ge=
fühle ihrer Kraft, beide zu vergleichen, und
die Aehnlichkeit von beiden ſo leicht zu faſ=
ſen, eine beſondere Art von Wohlgefallen.
Wenn ich z. B. ſage: Der Frühling des
Lebens; ſo denket die Seele an die Ju=
gend, und malt ſich zugleich das Bild des
Frühlings. Ohne Mühe entdecket ſie in
einem Augenblicke zwiſchen jener und die=
ſem eine Menge von Aehnlichkeiten und Be=
ziehungen: dadurch wird ihr Selbſtgefühl
erweitert.

4) Die figürliche Sprache giebt uns oft
deutlichere Begriffe als die froſtige, eigen=
thüm=

thümliche Sprache des Verstandes. Sie
malet den Gegenstand, sie kleidet abstrakte
Ideen in sinnliche Gewande, sie erwecket
Nebenbegriffe, welche die Aufmerksamkeit
fesseln: sie befördert sogar die Ueberzeug=
ung, und vertritt zuweilen die Stelle eines
Beweises. Ein Beispiel davon finden wir
in Youngs Schriften: „Wenn wir zu
tief in die Wollust uns versenken, so rüh=
ren wir allemal einen Schlamm auf, der
sie trübe und schädlich macht". Oder:
„Ein Herz, das von heftigen Leidenschaften
kocht, sendet immer einen betäubenden
Rauch ins Gehirn empor".

5) Endlich ziehen die Figuren den Leser oder
Zuhörer in unser Interesse, erfüllen seine Ein=
bildungskraft mit feurigen Bildern, berei=
ten ihn vor zu den Leidenschaften, und Ent=
schlüssen, welche wir zu erwecken wünschen.
Der Verstand wird auf solche Weise ins
Spiel gezogen, und zur Erfüllung unserer
Wünsche gestimmt.

——— Then the inexpressive strain
Diffuses its enchantment. Fancy dreams
Of sacred fountains and Elysian groves,
And vales of bliss. The intellectual power
Bends from his awful throne a wond'ring ear,
And smiles.

Akenside Pleasures of Imagination. I, 124.

Aber wozu eine lange Abhandlung von
den Figuren, wenn sie die Sprache der
Natur sind? Wozu Vorschriften hierüber?
— Ich gebe zu, daß man sehr schöne Figuren sagen und schreiben kann, ohne ihren
Namen je gehört zu haben. Aber daraus
folget nicht, daß die Regeln, welche darüber gegeben werden, überflüssig seien.
Alle Theorien entstanden erst nach der Pra-
xis. Erst wurden gute Gedichte gemacht;
ehe man die Regeln eines guten Gedichtes
abstrahirte. Allein diese Regeln haben nach
der Hand auch wider die Künste verbessert.
Wir sehen täglich Leute, die ohne Kenntnis der Musik ganz artig singen; werden
wir darum behaupten wollen, die theoreti-
schen Kenntnisse der Musik seien ganz entbehrlich? Schönheit des Stils kann eben
so gut vervollkommnet werden, als Schönheit der Stimme: gewinnt diese durch die
Kunst, warum nicht auch jene? Ins
deß dürfen wir nicht glauben, die Figuren
machen die einzigen, oder auch nur die vorzüglichsten Schönheiten der Schreibart aus.
Nein; Figuren sind nur das Gewand, die
Gedanken aber die Substanz. Oft stehet
der Gedanke am besten in seiner eignen
Größe da. Erhabene Wahrheiten, große
Empfindungen können nicht einfach genug
gesagt werden. So werden die größten
Schön-

Schönheiten nakt gemalt. Das zierlich=
ste Gewand ist nicht im Stande, die Na=
tur zu erreichen. Klopstock beschließt
seinen zehnten Gesäng ohne alle Figur.

Er rufte mit lechzender Zunge: Mich
dürstet!

Ruft's, trank, dürstete; bebte, ward bleicher,
blutete, rufte:

Vater, in deine Hände befehl' ich meine Seele!

Drauf . . . . (Gott, Mittler! erbarme dich
unser.) Es ist vollendet:

Und er neigte sein Haupt und starb. — —

§. 194.

Figuren für die Aufmerksamkeit.

Eigentlich befördern alle Figuren die Auf=
merksamkeit; aber nicht alle wirken auf die
Einbildungskraft, das Empfindungsver=
mögen, den Witz und den Scharfsinn.
Einige begnügen sich blos damit, den Zu=
hörer oder leser auf gewisse Hauptbegriffe
aufmerksam zu machen. Zu diesen werden
vorzüglich gerechnet

1) Die Annomination. Vermittelst
derselben werden Wörter eines Stammes
miteinander verbunden, um durch den
Gleich=

Gleichklang die Aufmerksamkeit auf den
Hauptbegriff zu lenken.

Aber die Stille ward stiller. —

Pilatus richtet den Thäter dieser Thaten. —

Laß, den meine Seele geliebt hat,
Den ich liebe, mit viel mehr Liebe, wie Liebe
der Brüder,
Laß mich mit Dir, Du Heiligster, sterben!
Klopstock.

Adelung rechnet die zwei letztern Beispiele unter die fehlerhaften; aber man weiß
schon, daß der sonst verdienstvolle Mann
in Sachen des Geschmackes nicht immer
gerecht entscheidet.

* Ob eine Annomination gut sei, oder nicht;
muß aus ihrem Zwecke, und aus ihrer
Schicklichkeit zu diesem Zwecke bestimmt
werden. Sie ist allemal fehlerhaft; wenn
sie nicht den Ausdruck verstärkt.

Der Verfasser des Werkes ad Herennium, welches unter Cicero's Schriften stehet, giebt folgende Erklärung von
der Annomination. Annominatio est,
cum ad idem verbum, et idem nomen
acceditur commutatione vnius literae,
aut literarum, syllabae aut syllaba-
rum: aut ad res dissimiles similia verba

ba accommodantur. Nachdem er hier=
auf verſchiedene Arten dieſer Figur beſchrie=
ben hat, macht er die richtige Bemerkung:
Haec tria genera proxima exornatio-
num, quorum vnum in ſimiliter ca-
dentibus, alterum in ſimiliter deſi-
nentibus verbis, tertium in annomi-
nationibus poſita eſt, perraro ſumen-
da ſunt, cum in veritate dicemus:
propterea quod non haec videntur
reperiri poſſe ſine elaboratione et con-
ſumtione operae. Ejusmodi autem
ſtudia ad delectationem, quam ad veritatem, videntur accommodatiora.
Quare ſides, et grauitas, et ſeueritas
oratoria minuitur his exornationibus
frequenter collocatis: et non modo
tollitur auctoritas dicendi, ſed offen-
ditur quoque in ejusmodi oratione
auditor, propterea quod eſt in his le-
pos, et feſtiuitas, non dignitas, neque pulcritudo. Quare quae ſunt am-
pla et pulcra, diu placere poſſunt:
quae lepida et concinna, cito ſatietate
afficiunt aurium ſenſum faſtidioſiſſi-
mum. Quo modo igitur ſi crebro his
generibus vteremur; puerili videbi-
mur eloquutione delectari; ita ſi raro
has interſeremus exornationes, et
in cauſſa tota varie diſpergemus, com-
mode

mode luminibus diftinctis illuftrabi-
mus orationem. L. IV, 21.

2) Die Wiederholung. Wenn man
Jemand auf einen Begriff recht aufmerksam machen will, so wiederholet man denselben auf eine geschickte Weise. Vobis
iftud attribuendum eft, vobis gratia
habenda, vobis res ifta erit honori.—
Scipio Numantiam fuftulit, Scipio
Carthaginem deleuit, Scipio pacem
peperit, Scipio ciuitatem feruauit.
(l. cit.)

    Portia bittet bei Klopftock:

        Ihr Götter! euch mein' ich, ihr edlern
Beffern Götter, die mir in dem Traume voll
        Ernft fich entdeckten!

Jupiter heißt ihr nicht, ihr heißt nicht Phö-
        bus Apollo!

Aber wie euer Namen auch heißt, ihr feid
        es, ihr fandtet

Mir die Mutter des größten der Menfchen,
        wenn er ein Menfch ift!

    Anderswo:

Eine getreue, leutfelige Zähre, die feh' ich
        noch immer,

Neßte fein Antliß, ich küßte fie auf, die feh'
        ich noch immer.

                In

In Nikolais Gedichten setzt sich Rü=
diger auf den bezaubernden Hippogryph,
und:

> Fliegt auf, und fliegt und fliegt bis an
> den Himmel.

Sein Blut, ach! soll' es schon, soll' es ver=
gossen sein?

Weiße.

Du erster Druck von ihrer sanften Hand,
Und du, mit dem ich mein entflohnes Leben
Auf ihren Lippen wieder fand,
Du erster Kuß! euch kann kein Gott mir wie=
dergeben.

Wieland.

Die angeführten Beispiele zeigen den
mannigfaltigen Gebrauch, der sich von der
Wiederholung machen läßt, und ersparen
uns die undankbare Arbeit, die verschiede=
nen Benennungen, welche ihr die Alten ga=
ben, auswendig zu lernen.

Schwache Schriftsteller glauben recht
schön zu schreiben, wenn sie ihre Werke
mit vielen Wiederholungen durchspicken.
Solche mögen sich an das Schicksal des
Jakob Thomsons erinnern; dem für
die Wiederholung: o Sophonisbe, o!
o Sophonisbe! einer aus den Zuschau=
ern zurief: o Jakob Thomson, o! o
Jakob Thomson!

3) Die Inverſion. Unſere Sprache
leidet, unbeſchadet ihrer Geſetze, mannigfaltige Verſetzungen der Wörter. Will
man nun die Aufmerkſamkeit auf einen Gegenſtand vorzüglich gerichtet haben; ſo ſtel-
let man ihn, wider die gewöhnliche Ordnung, an den Ort, wo er am ſtärkſten in
die Augen fällt. Unter den neuen Sprachen hat die Deutſche die größte Stärke
und Freiheit in der Inverſion. Doch müſſen beim Gebrauche dieſer Figur folgende
Regeln beobachtet werden.

1) Die Inverſion ſoll nie, ohne wichtige Urſache, gebraucht werden.

2) Sie darf der Sprache keine Gewalt
anthun. Soll gänzlich, wie eine Blume, mein Leben, erſtickt vom Un-
kraut, verblühen? Kleiſt.

3) Muß alle Zweideutigkeit vermieden
werden.

4) Muß die Inverſion nur, als Würze,
ſelten gebraucht werden. Unſere neuen
Dichterlinge glauben, ſie müſſen Alles durch
Inverſionen ſagen. Dadurch wollen ſie
gerne ihren Alletagsgedanken ein feierliches
Gewand umwerfen.

Zu

Zu den Figuren der Aufmerksamkeit ge=
hören 4) verschiedene Formen des Gesprächs=
stils, welche in mancherlei Rücksicht dem
Schriftsteller gute Dienste thun. Denn
nebst dem, daß sie die Aufmerksamkeit,
wär' es auch nur, durch die Abwechslung
des Vortrages, rege machen; mildern sie
auch den didaktischen Ton, und geben dem
Unterrichte die reizende Gestalt eines
freundschaftlichen Gespräches. Sie erfül=
len den Leser mit Achtung gegen den Ver=
fasser, der bei großen Kenntnissen so viel
Bescheidenheit äussert. Sie schmeicheln
endlich der Eigenliebe desselben, indem sie
Manches, das sie im positiven Tone sagen
könnten, fragend oder zweifelnd vorbrin=
gen, wodurch sie ihn verleiten, sich selbst
viel Einsicht und Beurtheilungskraft bei=
zulegen. Auch die Einbildungskraft wird
dadurch beschäftiget; man versetzet sich an
den Ort, wo der Schriftsteller spricht,
man hört ihn selbst, man unterhält sich
persönlich mit dem gefälligen Manne. lau=
ter Gründe, warum die Gesprächsformen
die Aufmerksamkeit im hohen Grade reizen
und erhalten müssen.

Die merkwürdigsten von diesen Formen
sind a) die Frage, b) der Zweifel, c) die
Correktion, d) die Aposiopesis, e) die
Concession, f) die Präterition.

a) Jedermann weiß was Frage sei: Man kann sich selbst, oder seinen Leser und Zuhörer fragen. Im ersten Falle fließt die Frage gemeiniglich mit dem Zweifel zusammen. Im andern fodern wir den Leser gleichsam auf, uns die Unrichtigkeit dessen, was wir behaupten, darzuthun. Wir dürfen uns also der Frage nicht bedienen, so lange wir unserer Sache nicht ganz gewiß sind. Neulinge in der Redekunst bringen oft in der Hitze solche Fragen vor, auf welche der Zuhörer gerne antworten möchte: Nein; oder ich zweifle noch, Herr Prediger! Bei A d e l u n g steht ein Beispiel solch einer kühnen Frage: Je mehr sich die Anzahl guter Köpfe vermehrte, desto kleiner mußte die Anzahl der ausserordentlichen Genien erscheinen. Ist es indessen nicht mit der Massa der Kenntnisse und Einsichten, wie mit der Massa des Gelds und der Glücksgüter beschaffen?

Beispiele von guten Fragen sind folgende:

„Nie kann ein geiziger Mensch mit freudiger Seele Gott anbethen, und die Seligkeit genießen, die der Umgang mit ihm verschaffet, denn er fühlet es, daß ein so kaltes liebloses Herz unwürdig sei, sich dem Vollkommensten Geiste zu nahen, dessen

Geschäfte das Wohlthun ist. Ist ein sol⸗
cher Zustand nicht wahres Elend"? Salz⸗
mann. „Der Heuchler kann kaum den
ernsthaften Blick eines Menschen aushalten,
wie ist es denn möglich, daß er sich die Gegen⸗
wart des heiligen Gottes lebhaft denken
kann? wie ist es möglich, daß ein Mensch,
der in Trägheit sein Leben zubringt, mit
dem Gott umgehen könne, der lauter Thä⸗
tigkeit ist, und von uns verlanget, daß
wir ihm ähnlich werden sollen"? Ebendas.

Wie sieghaft geht er nicht mit seinen Schönen
um?

Haller.

Vehementer autem adtinere ad bella
administranda, quid hostes, quid so-
cii de imperatoribus vestris existi-
ment, quis ignorat, quum sciamus,
homines in tantis rebus, vt aut con-
temnant, aut metuant, aut oderint,
aut ament, opinione non minus fa-
mae, quam aliqua certa ratione com-
moueri? Cicero pro L. Manilia.

* Tiberius Rhetor nimmt vier Ab⸗
sichten der Frage an, die Aufmerksam⸗
keit, die Deutlichkeit, die Ueberzeug⸗
ung, und den Verweis: jeder dieser
Absichten widmet er eine eigene Art von
Frage. Die Lateinischen Schriftsteller thei⸗

P
len

len die Fragen ein in ratiocinationem, wenn man sich selbst um die Ursache seiner Behauptung fragt; subjectionem, wenn man seine Gegner oder Zuhörer zur Widerlegung auffodert; epinomen, wenn man aus voller Zuversicht, daß man Recht habe, fragt; communicationem, wenn man den Zuhörer um Rath, um seine Meinung fragt. Hieher gehöret auch die Conversio und Complexio der Lateiner.

b) Der Zweifel ist ein selbstgemachter Einwurf wider seine eigene Behauptung. Er befördert die Aufmerksamkeit im hohen Grade, wie jeder bemerken wird, der das Volk bei einer öffentlichen Rede beobachtet. Er befestiget auch das Ansehen des Redners oder Schriftstellers; indem er von seiner Wahrheitsliebe vortheilhafte Begriffe erzeugt. Am besten thut man, wenn man ihn ohne Umschweif anführet.

Ja, Reichthum wünsch ich mir. — Doch hab'
            ich auch bedacht,
Ob das der Reichthum ist, wozu der Schein
            ihn macht?

At enim vir clariffimus, reipublicae et veftris beneficiis ampliffimis adfectus, Q CATULUS; itemque fummis ornamentis honoris, fortunae, virtutis, ingenii, praeditus Q. HORTEN-
SIUS

sius ab hac ratione diffentiunt: quorum ego auctoritatem apud vos multis locis plurimum valuiſſe, et valere
oportere confiteor: ſed in hac cauſſa,
tametſi cognoſcitis auctoritates con-
trarias fortiſſimorum virorum, et cla-
riſſimorum; tamen omiſſis auctorita-
tibus, ipſa re et ratione exquirere
poſſumus veritatem. Cicero pro L.
Manilia.— Dieſe Art von Einwurf heißet
auch Prolepſis, Praeoccupatio.

Noch eine andere Art von Zweifel iſt jene, welche der Verfaſſer des Werkes ad
Herennium beſchreibt: *Dubitatio* eſt,
quum quaerere videtur orator, vtrum
de duobus potius, vel quid de pluribus potiſſimum dicat, hoc modo: Ob-
fuit eo tempore plurimum reipublicae
conſulum — ſiue ſtultitiam, ſiue mali-
tiam dicere oportet, ſiue vtrumque.

c) Vermittelſt der **Correktion** (Epan-
orthoſis) ſcheint der Redner ſich ſelbſt
Einhalt zu thun, und das, was er eben
geſagt hat, zurückzunehmen. Wir wollen — doch was wir? — Der Herr will
durch uns, daß ihr dieſen Rath an-
nehmet. Mosheim.

d) Die

d) Die Aposiopesis (bei den Lateinern Praecisio) unterbricht den Satz vor seiner Vollendung. Quos ego — sed motos etc. Tu ista nunc audes dicere, qui nuper alienae domui — non ausim dicere, ne quum te digna dixero, me indignum quidpiam dixisse videar. Ad Herenn. IV.

Das große Werk kann nur durch viele Stufen

Zur Zeitigung gedeih'n. Die e r s t e ist, den Geist

Von aller Wirksamkeit zum Ruhen abzurufen.

Die z w e i t e : nach und nach ihn von der Sinnlichkeit,

Von Allem, wo wir uns den Thieren ähnlich finden,

Selbst vom Bedürfnis loszuwinden.

Die d r i t t e Stufe — Doch so weit

Kam unser Pärchen nicht. Denn, leider! auf der zweiten

Schon auf der zweiten glitscht der Fuß den guten Leuten.

Wieland.

e) Es erreget eine gute Meinung von der Billigkeit des Schriftstellers, wenn er Sachen, die ihm entgegen zu stehen scheinen, zuweilen einräumt. So machte es Cicero im obigen Beispiele.

Ja,

Ja, lebten wir im Lande der Ideen,
Dann gäb' ich's zu! Allein in unfrer Welt,
In dieser Werktagswelt, wo, blos vom lan-
       gen Stehen,
Selbst der Koloß von Rhodus endlich fällt,
Wird, glaube mir, so lang sie selbst noch hält,
Nichts unvergängliches gesehen.
     Wieland. (an Pfyche.)

f) Die Präterition zeugt von der Zuversicht, welche der Redner oder Schriftsteller auf seine Hauptgründe setzet. Omit-
to socios, exteras nationes, reges,
tetrarchas, ... a liberis dico, a liberis medius fidius, et conjugibus vestris numquam ille effraenatas suas li-
bidines cohibuisset. CICERO pro Mi-
lone.

4) Die Aufmerksamkeit wird ferner durch
eine regelmäßige Fortschreitung vom Geringern zum Größern, vom Minderwich-
tigen zum Wichtigern befördert. Die Figur, welche dies bewirkt, heißet Gradation, Steigerung. Es giebt eine Gradation für das Ohr, und eine für den Sinn.
Von jener haben wir oben §§. 188. 189,
von dieser §. 174. das Nöthige gesagt.
Nur wollen wir noch bemerken, daß förm-
   P 3   liche

liche Gradationen selten müssen angebracht
werden. Sie verrathen zu viel Kunst; der
Zuhörer oder Leser schöpfet dadurch Verdacht wider die Redlichkeit des Redners oder
Schriftstellers: und verwahret sich wider
seine Kunstgriffe. Beispiele von einer schicklichen Gradation liefert Blair Lectures
on Rhetoric. Tom. I. S. 409.—Der
Verfasser des Werkes ad Herennium
unterwirft die Gradation zu ängen Fesseln.
Gradatio est, in qua non ante ad conse-
quens verbum descenditur, quam ad
superius adscensum est, hoc modo:
Nam quae reliqua spes manet liberta-
tis, si illis et quod libet, licet: et
quod licet, possunt: et quod possunt,
audent: et quod audent, faciunt: et
quod faciunt, vobis molestum non
est?

§. 195.

Figuren der Einbildungskraft.

Hieher gehören alle die Hülfsmittel, welche die Sprache darbietet, die Versinnlichung der Vorstellungen zu befördern. Dies
geschieht auf eine dreifache Weise, indem
a) sinnliche Gegenstände noch sinnlicher,
abwesende als gegenwärtig, und unsinnliche als sinnlich dargestellt werden. Es
wird nicht nöthig sein, die Nothwendigkeit

keit der Versinnlichung hier besonders dar,
zuthun, da sie schon aus dem Zwecke jedes
schönen Kunstwerkes erhellet.

Die Sprache kann nicht allein ausdrü,
cken, sie kann auch, wie wir an einem an,
dern Orte bemerkten, für das Ohr gewiss,
sermassen malen. Dies geschieht vermit,
telst der Harmonie, oder der Aehnlichkeit
der Zeichen mit dem Bezeichneten. Diese
Aehnlichkeit kann sich sowohl auf den Laut,
als auf den Takt der Gegenstände beziehen.
Daher Harmonie des Klanges oder des
Tons, und Harmonie des Takts oder der
Bewegung. Es lassen sich viele schöne Be,
obachtungen über beide machen; aber ge,
fährlich würden jungen Schriftstellern be,
stimmte Vorschriften werden. Sie könn,
ten sie zu Spielereien und gesuchtem We,
sen verleiten. Gute Beispiele können hier
das Beste thun.

Beispiele der Harmonie des Klanges.

Quadrupedante pedum sonitu quatit vngula
campum.

VIRGIL.

Tief unten brauset der Ton mit einer donnern,
den Stimme
Furcht und Entsetzen zum staunenden Ohr;

So

So wie ein wilder Orkan in Höhlen des Harzes
verschlossen,
Die schallenden Felsen murmelnd durch-
brüllt.
Zachariä.

Chiama gli abitator delle ombre eterne,
Il rauco suon della tartarea tromba:
Treman le spaziose atre caverne,
E l'aer cieco a quel romor rimbomba;
Nè stridendo mai dalle superne
Regioni del cielo, il folgor plomba,
Nè sì scossa giammai trema la terra,
Quando i vapori in sen gravida serra.

GIERUSALEMME liberata Cant. IV,
Stanz. 3.

'Tis not enough, no harshness gives offence,
The sound must seem an Echo te the sense.
Soft is the strain, when Zephyr gently blows,
And the smooth stream in smoother numbers
flows;
But when loud sourges lash the sounding
shore,
The hoarse, rough verse should like the tor-
rent roar.
When Ajax strives some rock's vaste weight
te throw,
The line too labours, and the words more
slow.

Not

Not so when swift Camilla scours the plain,
Flies o'er th' unbending corn, and
skims along the main.

Pope.

Hier haben wir zugleich ein Beispiel der
Harmonie des Taktes. Niemand hat diese
glücklicher erreicht, als Hieronymus
Vida. Ich kann mich nicht enthalten,
die ganze große Stelle hier abzuschreiben,
welche im 3ten Buche seiner Dichtkunst
stehet.

Multa adeo incumbunt doctis vigilanda poëtis.
Haud satis est illis utcunque claudere uersum,
Et res uerborum propria vi reddere claras :
Omnia sed numeris vocum concordibus aptant,
Atque sono quaecunque canunt imitantur, & apta
Verborum facie, & quaesito carminis ore.
Nam diuersa opus est veluti dare versibus ora,
Diuersosque habitus, ne qualis primus & alter,
Talis & inde alter, vultuque incedat eodem.
Hic melior motuque pedum, & pernicibus alis
Molle viam tacito lapsu per leuia radit :
Ille autem membris, ac mole ignauius ingens
Incedit tardo molimine subsidendo.
Ecce aliquis subit egregio pulcerrimus ore,
Cui laetum membris Venus omnibus afflat hono-
rem.

Contra alius rudis informes oftendit & artus,
Birfutumque fupercilium, ac caudam finuofam,
Ingratus vifu, fonitu illaetabilis ipfo.
Nec uero hae fine lege datae, fine mente figurae,
Sed facies fua pro meritis, habitusque, fonusque
Cunctis, cuique fuus, vocum difcrimine certo.
Ergo ubi jam nautae fpumas falis aere ruentes
Incubuere mari, videas fpumare reductis
Conuulfum remis, roftris ftridentibus aequor,
Tunc longe fale faxa fonant, tunc & freta ventis
Incipiunt agitata tumefcere: littore fluctus
Illidunt rauco, atque refracta remurmurat unda
Ad fcopulos, cumulo infequitur praeruptus aquae
                              mons.
Nec mora, Trinacriam eernas procul intremere
                              omnem
Funditus, & montes concurrere montibus altos,
Cum uero ex alto fpeculatus caerula Nereus
Leuit in morem ftagni, placidaeque paludis,
Labitur uncta vadis abies, natat uncta carina.
Hinc etiam folers mirabere faepe legendo,
Sicubi Vulcanus fyluis incendia mifit,
Aut agro ftipulas flamma crepitante cremari,
Nec minus exultant latices, cum taeda fonore
Virgea fuggeritur coftis undantis aheni.
Carmine nec leui dicenda eft fcabra crepido.
Tum, fi laeta canunt, hilari quoque carmina vultu

Incedunt, laetumque fonant haud fegnia verba,
Seq cum vere nouo rident prata humida, feu cum
Pauditur interea domus omnipotentis Olympi :
Contra autem fefe triftes inamabile carmen
Induit in uultus, fi forte inuifa volucris
Nocte fedens ferum canit importuna per vmbras,
Vt quondam in buftis, aut culminibus defertis.
Verba etiam res exiguas angufta fequuntur,
Ingentesque iuuant ingentia, cuncta gigantem
Vaftu decent, vultus immanes, pectora lata,
Et magni membrorum artus, magna offa, lacerti-
        que.
Atque ideo, fi quid geritur molimine magno,
Adde moram , & pariter tecum quoque verba la-
        borent
Segnia, feu quando vi multa gleba coactis
Aeternum frangenda bidentibus, aequore feu
        cum
Cornua velatarum obuertimus antennarum.
At mora fi fuerit damno, properare jubebo.
Si fe forte caua extulerit mala vipera terra :
Tolle moras,cape faxa manu,cape robora paftor :
Ferte citfflammas, date tela, repellite peftem.
Ipfe etiam verfus ruat, in praecepsque feratur,
Immenfo cum praecipitans ruit Oceano nox,
Aut cum perculfus grauiter procumbit humi bos.
Cumque etiam requies rebus datur, ipfa quoque
        vltra

Carmina paullſper curſu ceſſare videbis,
In medio interrupta quierunt cum freta ponti.
Poſtquam aurae poſuere, quieſcere portibus ip-
                                    ſum
Cernere erit, mediisque incepᵗis ſiſtere verſum.
Quid dicam, ſenior cum telum imbelle ſine ictu
Inualidus jacit, & defectis viribus aeger?
Nam quoque tum verſus ſegni pariter pede lan-
                                    gueta
Sanguis hebet, frigent effœtae in corpore vires.
Fortem autem iuuenem deceat prorumpere in
                                    arces,
Euertiſſe domos, praefractaque quadrupedantum
Pectora pectoribus perrumpere, ſternere turres
Ingentes, totoque ferum dare funera campo.

Nur noch einige Beiſpiele aus deutſchen Schriftſtellern.

Dem Sterbenden brechen die Augen und ſtarren,
Sehen nicht mehr. Ihm ſchwindet das Antlitz
            der Erd' und des Himmels
Tief in die Nacht. Er hört nicht mehr die
            Stimme des Menſchen,
Nicht die zärtliche Klage der Freundſchaft. Er
            ſelbſt kann nicht reden,
Kann mit bebender Zunge den bangen Abſchied
            nicht ſtammeln,
Athmet tiefer hinauf, und kalter ängſtlicher
            Schweiß läuft
Ueber ſein Antlitz: das Herz ſchlägt langſam,
            dann ſtehts, dann ſtirbt er.
                    Klopſtock.

Abbadona vergieng nicht, sondern

  Sentte betäubt vom ewigen Kummer,

Wie ein gebeinvoller Berg, wo vormals Men-
     schen sich würgten,

Im Erdboden versinkt, langsam zur Erde sich
     nieder.

         Ebenders.

   Wo bin ich, o Himmel!

   Ich athme noch Leben?

   O Wunder! ich walle

   Im Meere? Mich heben

   Die Wellen empor? Ramler.

 Die Harmonie des Klanges muß Nachahmung, nicht Identität sein. Das Vergnügen, welches sie gewähret, entsteht aus
dem dunklen Gefühle, daß es Nachahmung
ist. Zu große Aehnlichkeit verhindert dieses
Gefühl, und verleitet die Seele, die Nachahmung für den Gegenstand selbst zu halten.
Eine schöne Bildsäule aus Stein gefällt um
so mehr, je mehr sich die Ueberzeugung auf-
dringt, daß sie mit Mühe aus Stein verfertiget worden. Ueberstreicht man sie mit
Farben nach dem Leben; so gleichet sie zu
sehr der menschlichen Gestalt, und das Vergnügen höret auf. Vielleicht ist dies der
Grund, warum Leute von feinem Gefühle
          beim

beim Anblicke großer, in Lebensgröße puf=
firter Wachsfiguren etwas Unangenehmes
empfinden, welches bei kleineren Figuren,
aus demselben Stoffe, nicht geschieht.

Unsere Sprache ist, wie jede Sprache
es ursprünglich war, reich an nachahmen=
den Wörtern, die an die Onomatopöie
gränzen. Krachen, Schmettern, Brül=
len, Rollen, Säuseln, Lispeln, Brau=
sen, Stürmen, Heulen, Athmen, Mur=
meln, Rieseln u. s. w. Fehlerhaft sind voll=
ständige Onomatopöien aus dem kurz vor=
her angeführten Grunde. Das Jhaen der
Esel, das Quaren der Frösche u. s. w.
Wenn sie einen unedlen Begriff ausdrücken,
können sie auch nicht gebraucht werden.
Latschen, Fletschen, Patschen, Knät=
schen, Pantschen, Schmatzen, Schlen=
tern u. d. g.

§. 196.

Anknüpfung eines sinnlichen Nebenbegriffes.

Begriffe oder Wörter, welche zu oft im
gemeinen Leben vorkommen, verlieren all=
mälig ihre Stärke und Lebhaftigkeit. Man
suchet diesem nothwendigen Uebel durch
Verknüpfung eines sinnlichen Nebenbegrif=
fes mit dem zu schwachen Hauptbegriffe zu
begegnen. Dies geschieht auf eine dop=

pelte

pelte Weise, entweder in einem und dem=
selben Worte, oder durch Hinzufügung an=
derer Wörter. Im erſten Falle heißt ein
ſolches Wort, in welchem der Hauptbe=
griff durch einen ſinnlichen Nebenbegriff
anſchaulich gemacht wird, ein nachdrück=
liches, enphatiſches Wort, zuweilen
auch ein Kraftwort. Wird aber der ſinn=
liche Nebenbegriff vermittelſt eigener Wör=
ter beigefügt; ſo heißen dieſe verſchönern=
de Beiwörter (Epitheta).

1) Nachdrückliche Wörter ſind diejeni=
gen, welche vermittelſt einer ſinnlichen,
mit dem Hauptbegriffe verbundenen Idee
die Anſchaulichkeit deſſelben befördern
Wenn Ramler einen Sturm beſchreibt,
ſo ſaget er:

Ungewitter umhüllen den Himmel; in Flocken,
in Regen
Stürzt Jupiter herab aufs Land;
Boreas heulet im Meere,
Heulet im traurigen Hain.

Die Wörter: umhüllen, ſtürzten, heu=
let, ſind emphatiſch: man ſetze ſtatt der=
ſelben, bedecken, fällt, wehet; und
ſetze, wie ſchwach alsdenn Ramlers Ge=
mälde ſein würde.

Hie=

Hieher gehören die zusammengesetzten Wörter: niederdonnern, aufstreben, hinstürmen u. s. w.

Die emphatischen Wörter müssen aus Gründen, die wir nicht zu wiederholen brauchen, der Absicht des Sprechenden oder Schreibenden, und der Würde des Gegenstandes angemessen sein. Alltägliche Gedanken in nachdrückliche Wörter gehüllt, werden lächerlich. Es darf der Emphase nicht an Würde fehlen. In den Gedichten eines Franziskaners las ich einst: „Schon lange brummet ein Lied im Busen mir". Die Sprache muß nicht über den Nachdruck geradbrecht werden. Der Gefühlsblick. —Hieher gehöret auch der falsche Nachdruck, der durch Verlängerung der Endsylben bewirkt werden soll. Herr, erhöre mich gnädiglich, tausendfältiglich u. s. w.

b) Stärker, als die nachdrücklichen Wörter, wirken verschönernde Beiwörter auf die Einbildungskraft; indem sie den Nebenbegriff, den jene in sich einschließen, besonders, also klärer ausdrücken. Sie heißen verschönernde Beiwörter im Gegensatze mit denen, welche zur Bestimmtheit und Deutlichkeit des Hauptbegriffes gebraucht

braucht werden. Die vorzüglichsten Eigen=
schaften der verschönernden Beiwörter sind
a) Anschaulichkeit, vermittelst eines
sinnlichen Bildes. b) Interesse. Sie
müssen auf das Begehrungsvermögen wir=
ken. Nasse Thränen, kaltes Eis, ge=
fiederte Vögel, beschuppte Fische u.
d. g. bedeutungslose unwichtige Prädikate
gleiten unempfunden über die Seele hin=
über. c) Bestimmtheit. Der Neben=
begriff darf nicht zweideutig, schwankend,
dunkel, oder verworren sein. Dem be=
geisterten Haine bei Bodmer fehlt es
an Bestimmtheit. d) Einheit und Ver=
hältnis. Es darf nur Ein Nebenbegriff
ausgedrückt werden. Fodern zuweilen die
Umstände mehrere, so hüte sich der Schrift=
steller, sie nicht gewaltsam in ein Wort zu=
sammen zu schmieden. Die zartnervig=
geschaffene Hand, der fußgeflügelte
Merkur, der engelbewachte Boden,
die verderbenschwangere Wolke u. d.
g. gehören hieher. e) Würde. Niedrige
Bilder müssen aus jedem Werke des Ge=
schmackes verbannt bleiben. Der Eckel ist
um so größer, je lebhafter die Vorstellung
des eckelhaften Gegenstandes ist. Einige
unserer Kraftmänner setzen sich über diesen
Zwang hinweg; ich mag ihre Sünden nicht
aussprechen. Beispiele unedler Beiwörter

Q stehen

ſtehen in Königs erſtem Geſange von
dem Lager. f) Neuheit. Auch die ſchönſten Beiwörter verlieren ihre Kraft, wenn
ſie zu oft vorkommen. Auch ſie erfahren
die zerſtörende Macht der Mode. g) Spar-
ſamer Gebrauch. Sie müſſen nie ohne
Abſicht daſtehen, müſſen nicht die Schönheit bedecken, ſondern erhöhen. — Ueberhaupt ſollen die Beiwörter für den Haupt-
begri, das ſein, was der Putz für das
Frauenzimmer iſt. Eine Parallele zwiſchen
beiden könnte vielleicht eben ſo lehrreich
als angenehm werden.

§. 197.
Auflöſung des Ganzen in einzelne Theile.

Ein ferneres Mittel, die Einbildungskraft zu beſchäftigen, iſt die Auflöſung
eines Ganzen in ſeine einzelne Theile,
die Amplifikation der Alten, welche jedoch
die Bedeutung dieſes Wortes zu ſchwan-
kend und unbeſtimmt ließen. Man ſehe
Quintilian VIII, 4., wo er die Gradation, die Beiwörter, den Beweis, und
wer weiß noch was alles dahin rechnet.
Wegen dieſer Unbeſtimmtheit iſt es beſſer,
ſich mit Adelung des Wortes Amplifikation gänzlich zu enthalten.

Das

Das Ganze, welches hier in Betrach=
tung kömmt, ist entweder ein Individu=
um, oder ein allgemeiner abstrakter
Begriff. In beiden Fällen hat die Seele
wenig Beschäftigung. Das Individuum ist
ihr zu bekannt; der abstrakte Begriff ohne=
hin nur ein Wort, bei dem sie sich nichts
denken kann, ohne das Allgemeine bei sich
selbst zu vereinzeln. Werden sie aber in
ihre Bestandtheile aufgelöset; so entsteht
daraus Mannigfaltigkeit, und Anschau=
lichkeit. Dies geschieht nun vermittelst
der Synonyme, der Umschreibung, der
Beschreibung, und der Vereinzelung.

a) Synonyme Ausdrücke. Wir ha=
ben schon oben bemerkt, daß mit den Sy=
nonymen viel Unfug getrieben werde. So
schwierig aber der Gebrauch derselben ist, so
zweckmäßig kann er auch, in Rücksicht auf
Lebhaftigkeit werden. Nur müssen sie nicht
blos zum Ausfüllen, nicht als complementa numerorum dastehen, sondern
zur jedesmaligen Absicht des Schriftstellers
mitwirken.

b) Umschreibung (Periphrasis).
Umschreiben, heißt etwas mit andern
Worten kenntlich machen, weil man es
mit seinem eigenen Namen nicht nennen

Q 2   will,

will, oder nicht nennen kann. Es giebt
eine Umschreibung aus Bedürfnis, eine
Umschreibung aus Anstand, eine Umschrei=
bung aus ästhetischem Grunde. Nur die
letzte gehört eigentlich hieher. Sie bezeich=
net einen Gegenstand vermittelst einer oder
mehrerer seiner Bestimmungen, oder Ver=
hältnisbegriffe. Dadurch kömmt sie der
Einbildungskraft zu Hülfe, indem sie von
dem Ganzen, d. i. von dem Gegenstande,
den sie umschreibt, interessante Theile aus=
hebet, bei deren Anschauung die Seele lie=
ber und leichter verweilet, als bei dem zu
sehr zusammengesetzten, oder zu geläufigen
Begriffe des Gegenstandes selbst. So nen=
net Ramler die Kanonen eherne
Schlünde, den Wein, das schäumende
Blut des Weinstock's: Hagedorn
nennt die Stunde des Todes den Augen=
blick, vor dem auch Helden zittern.

Eine gute Umschreibung muß 1) zweck=
mäßig, 2) interessant, 3) nach der Faß=
sungskraft des Lesers oder Zuhörers einge=
richtet sein.

Wider die erste Regel verstößt man,
wenn man Sachen umschreibet, welche kei=
ner besonders lebhaften Darstellung bedürf=
tig oder fähig sind. Manchmal zerstört eine
solche

solche Umschreibung die ganze Absicht des
Schriftstellers. Ein Fehler, in den un-
vorsichtige Schriftsteller häufig verfallen.
Schubart sagt irgendwo in seiner Chro-
nik, er gehöre zu den einfältigen Leutlein,
die da glauben, der Sohn einer Jüdinn
sei Gott! Das heißt doch gewiß nicht,
seinen Vortheil verstehen!

Wider die zweite Regel verstoßen diejenigen, welche gleichgültige, unbedeuten-
de Eigenschaften wählen, um ihren Gegenstand damit kennbar zu machen. Wer denket hier nicht an den gekrönten Propheten,
oder an den gepurperten Sohn des heiligen
Franziskus (den h. Bonaventura)? Ein
gewisser Mönch in Schwaben hatte die
Gewohnheit, keinen Heiligen mit seinem
Namen zu nennen. Da kamen denn die
wunderbarsten Umschreibungen heraus.
Bernard wurde (wegen seiner großen
Liebe zu der seligen Jungfrau) der heilige
Ehebrecher, und Hieronymus der beth-
lehemitische Herzklopfer genannt.

Die dritte Regel folgt aus der Natur
der Sache; dennoch wird sie nicht immer
beobachtet. Ein Prediger kann sich, vor
einem aufgeklärten Auditorium mancher
Umschreibungen bedienen, welche bei dem
Q 3   Land-

landvolke ein wahres Räthsel, sein würden. Oft geschieht es auch, daß ein Schrift=steller sich einbildet, die ganze Welt denke, wie er, und dann mit unbestimmten Um=schreibungen hervortritt. Noch weiß ich nicht, wer es eigentlich gemeint ist, wenn unsere Oberflächter (man vergebe mir die=sen Ausdruck) schreiben: Der größte Kopf unsers Jahrhunderts — der Wiederaufrichter der Philosophie — der Zermalmer des Dogmatismus — der Vater der deutschen Dichtkunst u. d. g. Und wenn ichs auch weiß, wen sie meinen; so verdrießt michs doch, daß sie ihre Ehrentitel so eigenmächtig und so eilfertig austheilen.

c) Beschreibung. Diese ist eigentlich eine fortgesetzte Umschreibung durch alle Merkmale eines Gegenstandes. Es giebt eine historische, und ästhetische Beschrei=bung. Jene hat die Absicht den Verstand zu unterrichten, diese die Einbildungskraft zu beschäftigen. Beispiele von jener lie=fern uns die Naturforscher und Reisebe=schreiber: Beispiele von diesen finden wir in den Werken der schönen Geister.

Ist der Gegenstand, welcher beschrie=ben wird, sinnlich; so nennt man's Schil=derung, .

derung, (Hypotypofis, Energia, Ef-
fictio, Demonſtratio). Sie leiſtet große
Dienſte, wenn ſie gut bearbeitet wird.
Alsdenn muß ſie aber nicht bloſſe Aufzäh=
lung der Theile ſein, ſondern das Coexiſti=
rende ins Conſecutive, die Schönheit in
Reiz, den Gegenſtand in Handlung ver=
wandeln.— Daß ſie ſchicklich, intereſſant,
edel, einförmig ſein müſſe, verſteht ſich
von ſelbſt. Beiſpiele von guten Schilde=
rungen liefern uns die deutſchen Schrift=
ſteller häufiger, als die Ausländer.

* Sieh Home's G. d. K. Th. II. Kap. 21.
Blankenburg über den Roman. S.
30. f. Engels Theorie der Dichtungs=
arten Th. 1, S. 131. f.

d) Allgemeine Begriffe und Urtheile ge=
hören für den Verſtand: die Einbildungs=
kraft fodert individuelle. Daher drücken
ſich rohe Völker immer durch einzelne Fälle
aus, wo geſittete allgemeine Begriffe haben.
Wenn der Irokeſe die Ewigkeit oder eine
lange Zeit ausdrücken will, ſo nennt er das
ſo lange als die Flüſſe ſtrömen, als
das Graß wächst, und als Sonne
und Mond die Erde erleuchten. Da=
durch gewinnet die Lebhaftigkeit; und dies
iſt der Grund, warum Dichter und Red=
ner ſich der Auflöſung allgemeiner Urtheile

Q 4

in einzelne Fälle, und allgemeiner Begriffe in individuelle mit so vielem Vortheile be= dienen. Die Auflösung allgemeiner Be= griffe in individuelle gehöret eigentlich zu den Tropen: wir bleiben also hier bei der Auflösung allgemeiner Urtheile in einzelne Fälle stehen. Diese heißt bei den Rheto= rikern die Distribution. Wenn eine Stei= gerung in den einzelnen Fällen Statt hat, so muß sie nicht vergessen werden. Klop= stock wußte sie in folgender Stelle sehr gut zu beobachten.

Wenn durch ihn der Blinde sein
Antlitz zur Sonne
Freudig erhebt, und mit sehenden Augen den
leitenden Vater
Staunend anblickt; wenn Tauben das Ohr
der Stimme des Menschen
Wieder sich öffnet, wenn es die Rede des
segnenden Priesters
Wieder vernimmt, und die Stimme der Braut,
und die weinende Mutter,
Und das feiernde Chor und die Hallelujage=
sänge.

§. 198.
Erläuterung durch ein sinnliches Bild.

Die Einbildungskraft wird ferner be= schäftiget, wenn man eine Idee durch ein
sinn=

inliches Bild erläutert. Die Figuren,
rch welche dies geschieht, sind die Alsfion, das Beispiel, und das Gleich:
is.

a) Die Allusion besteht in der Beziehng auf einen einzelnen bekannten Gegens
and, aus der Absicht, einen allgemeinen
Begriff, oder doch eine minder lebhafte Idee
nschaulich zu machen. Ich sammle nur
inzele Züge zur Bürgerkrone dieses
Menschenfreundes. Sturz. Wenn
Alles schön ist, was einem wohl or:
ganisirten Beobachter gefällt, war:
m fliegt das Schnupftuch auch un:
er Männern von Geschmack oft nach
den Kopolanen? Ebenderf.

Schicklichkeit, Deutlichkeit, und Wür:
de sind die Haupteigenschaften einer guten
Allusion. Obscoenitas non a verbis
tantum abesse debet, sed etiam a fignificatione. Quintilian. VI, 3.

b) Das Beispiel in ästhetischem Sinne,
ist ein einzeler Fall, welcher zur Versinns
lichung einer allgemeiner Wahrheit anges
führt wird. Es befördert die Anschaulichs
keit im hohen Grade, wenn es passend,
nicht zu fremd, aber auch nicht zu abges
nutzt ist. Ein erdichtetes Beispiel heißt
eine Fabel oder Parabel.

c) Das Gleichnis, welches wohl von der Vergleichung und dem Parallelismus zu unterscheiden ist. Es bestehet in der Anführung eines ähnlichen Falles oder Gegenstandes, um das, was man sagen will, dadurch anschaulicher zu machen. Am rechten Orte angebracht, befördert es die Deutlichkeit der Vorstellungen, gefällt durch Neuheit, erhöhet das Gefühl der Seelenkräfte, und verstärket das Interesse. Die Gleichnisse müssen nicht von unedeln, nicht von allzugemeinen, aber auch nicht von unbekannten Dingen hergenommen werden. 'Id est praecipue custodiendum, ne id, quod similitudinis gratia adsciuimus, aut obscurum sit, aut ignotum. Debet enim, quod illustrandae alterius rei caussa adsumitur, ipsum esse clarius eo, quod illuminat. Quintil. VIII, 3. Eben so wenig darf es ihnen an Wahrheit und wirklicher Aehnlichkeit fehlen. Muß diese letzte erst mühsam erzwungen werden; so entsteht dadurch ein äusserst unangenehmes Gefühl in dem Leser von Geschmack.— Indeß ist nicht nöthig, daß sich die Aehnlichkeit auf alle Theile eines Gegenstandes erstrecke; genug, wenn sie in dem Punkte der Vergleichung herrschet. Je neuer und unerwarteter ein Gleichnis ist, desto angenehmer wird

es

es die Seele beschäftigen. Auch die Ein=
heit gehört zu den Eigenschaften eines gu=
ten Gleichnisses. Im ernsthaften Stil
muß man nie große Gegenstände mit klei=
nen vergleichen; wohl aber im komischen.

Hier stehen Beispiele von guten und feh=
lerhaften Gleichnissen untereinander:

Siehe, meine Freundinn, du bist schön.
Dein Haar ist wie die Ziegenheerde, die be=
schoren sind auf dem Berge Gilead. Deine
Zähne sind wie eine Heerde Schaafe, die aus
der Schwemme kommen, die allzumal Zwil=
linge tragen, und ist keine unter ihnen un=
fruchtbar. Deine Lippen sind wie eine rosin=
farbene Schnur. Dein Hals ist wie der
Thurm Davids, mit Brustwehr gebauet, dar=
an tausend Schilde hangen, und allerlei Waf=
fen der Starken. Deine zwei Brüste sind,
wie zwei junge Rehzwillinge, die unter den Ro=
sen weiden. Deine Augen sind wie die Teiche
zu Heßbon, am Thor Bathrabbim. Deine
Nase ist wie der Thurm auf Libanon, der ge=
gen Damaskus steht.

Im Hohenliede Salomons.

Mit schneller Eile beflügelt
Floh ein künstlicher Haufen dahin. Wie Schaa=
ren Minirer
Vor des Eroberers Heer, mit Picken und Spa=
den bewaffnet,

Herziehn über das Feld, ein sicheres Lager
zu zeichnen.

Milton verlorn. Paradies.

Hörte nicht Offian eine Stimme? oder
ist es die Stimme der Tage, die nicht mehr
sind? Oft kömmt, wie die Abendsonne, das
Gedächtnis vergangner Zeiten in meine Seele.

Angenehm sind die Worte des Gesangs,
sagte Cuchullin, und lieblich die Geschich=
ten vergangener Zeiten. Sie sind, wie der
stille Thau des Morgens auf dem Rehhügel,
wenn die Sonne schwach auf seine Seite schim=
mert, und der Teich unbewegt und blau im
Thale steht.

Offian.

Unlucky, as Fungofo in the play,
Thefe fparks with aukward vanity difplay,
What the fine gentleman wore yefterday.

Pope. Effay on Criticism.

Some foreign writers, fome our own defpife;
The ancients only or the modern prife;
Thus wit, like Faith, by each man is apply'd
To one fmall feet, and all are damn'd befide.

Ebenderf.

Vergebens, daß der gelassene vernünftige
Mensch den Zustand eines Unglücklichen über=
sieht; vergebens, daß er ihm zuredet, eben

i wie ein Gesunder, der am Bette des
ranken steht, ihm von seinen Kräften nicht
is geringste einflößen kann.

Göthe.

iſtant ardentes Tyrii, pars ducere muros,
olirique arcem, et maribus fubuoluere faxa.
ars optare locum tecto, et concludere fulco,
ira, magiſtratusque legunt, fanctumque Se-
                                        natum.
lic portus alii effodiunt: hic alta theatri
undamenta locant alii, immanesque columnas
:upibus excidunt, fcenis decora alta futuris.
Qualis apes aeſtate noua per florea rura
:xercet fub fole labor, quum gentis adultos
iducunt foetus, aut cum liquentia mella
ſtipant, et dulci diſtendunt nectare cellas,
Aut onera accipiunt venientum, aut agmine
                                        facto
gnauum fucos pecus a praefepibus arcent.
:eruet opus, redolentque thymo fragrantia
                                        mella.
            Virgil. Aeneid. I.

lpfum me melior quum peteret Venus,
Grata detinuit compede Myrtale
Libertina, fretis acrior Adriae
    Curuantis Calabros finus.
            Horat. I, 33.

Denkt er, so ist ein Gedanke von ihm so schön,
als die Seele,
Als die ganze Seele des Menschen, geschaffen
der Gottheit,
Wenn sie, ihrer Unsterblichkeit würdig, ge=
dankenvoll nachsinnt.

Klopstock.

Wie vom schwermüthigen Alp gedrückt,
der Träumende schnell zum Lichte erwacht, so
lag dem scharfen Blicke Daniels der große
Knoten seines Kummers vor Augen; allein
dem Feldherrn gleich, der gleich entschlossen
zum Siegen oder Sterben bei der Nachricht
eines feindlichen Ueberfalles dem forschenden
Auge des treulosen Ueberläufers sich verhüllt,
blickt der Freund des Herrn mit edlem Kalt=
sinn auf den Sklaven herab.   Moser.

Fliehe nicht, Mädchen! oder flieh, wie
die Rose flieht, wenn ein Zephyr sie küßt;
sie biegt sich von ihm weg, und kömmt lächelnd
zu seinen Küssen zurück.

Geßner.

* Beispiele von komischen Gleichnissen stehe
bei Home Th. II. Kap. 19.

§. 199.

§. 199.

Darstellung unter einem sinnlichen Bilde.

Das Gleichnis befördert die Lebhaftig=
keit der Darstellung, aber noch mehr leistet
dies die Metapher, oder die Darstellung
eines Begriffes unter einem ähnlichen an=
schaulichen Bilde. In dem Gleichnisse wer=
den beide, der verglichene Begriff, und der,
mit welchem er verglichen wird, nacheins
ander der Seele vorgestellt; dies gewährt
ihr zwar einiges Vergnügen, und erwärmt
die Einbildungskraft; aber in der Meta=
pher schweben ihr beide, das Bild, und das
Vorgebildete, auf einmal vor: sie betrach=
tet beide ohne die geringste Anstrengung:
sie findet in dem Gefühle ihrer Kraft und
Fertigkeit ein süßes Vergnügen. Wenn
ich von einem großen Minister sage, auf
ihm ruhe der Staat, wie auf einer Stütze;
so vergleiche ich; wenn ich ihn aber gera=
dezu eine Stütze des Staates nenne; so ist
das mehr, als Gleichnis: das Bild und
das Abgebildete erscheinen in einem und
demselben Worte; die Deutlichkeit der Vor=
stellung verliert nichts dabei, und die Leb=
haftigkeit gewinnt. Man sieht leicht, wie
viel es auf den schicklichen Gebrauch dieser
Figur ankomme: sie ist ganz für die Ein=
bildungskraft gemacht: ohne sie würde das
Feld der schönen Wissenschaften öde liegen.

Die vorzüglichsten Regeln, welche man bei dem Gebrauche der Metapher beobachten muß, sind folgende:

a) Brauche die Metapher nicht zur Unzeit, nicht am unrechten Orte. Redest du zum Verstande, so drücke dich bestimmt und eigentlich aus: sprichst du in der Leidenschaft, so wähle keine künstliche Bilder, sondern die Sprache der Natur. Einige Metaphern schicken sich wohl in Gedichten, aber nicht in Prosa: einige thun im erhabenen Stil gute Wirkung, im mittlern werden sie steif und gezwungen. Beherzige also wohl, was Cicero sagt: Is enim est eloquens, qui et humilia subtiliter, et magna grauiter, et mediocria temperate poteſt dicere. Nam qui nihil poteſt tranquille, nihil leniter, nihil definite, diſtincte dicere, is cum non praeparatis auribus inflammare rem coepit, furere apud ſanos, et quaſi inter ſobrios bacchari temulentus videtur.

b) Nimm dein sinnliches Bild von solchen Gegenständen, welche keine unangenehme, eckelhafte Nebenideen erwecken. Die ganze Schöpfung bietet dem Schriftsteller ihren Reichthum dar; aber dieser wird,

wird, wenn er seinen Vortheil kennt, nur
solche Bilder von ihr entlehnen, welche
den Anstand, die Sittlichkeit, und übers
haupt die Würde nicht beleidigen. Er wird
sich nicht zu einem schmutzigen Gemälde
reizen lassen, um derb zu sein; er wird den
stärkern, aber unedlen Ausdruck fahren las=
sen, und den schwächern vorziehen, wenn
dieser nur die Würde nicht verletzt. Ein
Senator hatte, zu Cicero's Zeit, seinen
Gegner das stercus curiae genannt. Der
Geschmack des großen Redners konnte diese
unedle Benennung nicht billigen. Quam-
uis sit simile, sagt er, tamen est de-
formis cogitatio similitudinis.

c). Die Metapher muß verständlich sein.
Ohne diese Eigenschaft wird sie die Ein=
bildungskraft verwirren, nicht erleuchten.
Wider diese Regel sündigen die Schriftstel=
ler, welche sich's zum Geschäfte machen,
ihre Bilder von unbekannten Gegenständen
herzuholen. Zwang ist das zuverläßigste
Kennzeichen eines unberufenen Schreibers.
Zwar dürfen unsere Bilder nicht zu gemein,
nicht durch täglichen Gebrauch abgenutzt
sein; sie müssen immer eine Art von Neu=
heit haben; aber Neuheit und Dunkelheit
sind nicht einerlei.

d) **Gieb deinen Metaphern Einheit.**
Wider diese wird auf eine dreifache Weise
verstoßen, 1) wenn metaphorische und eigenthümliche Sprache miteinander ver-
mischt werden, 2) wenn heterogene, und
3) wenn gar entgegengesetzte Metaphern
über denselben Gedanken in einem Aufsatze
vorkommen. Das Verbrechen ist um so
größer, je dichter jene heterogene oder entgegengesetzte Wörter aneinander. stehen.
Wie schön wäre folgende Stelle aus Ossians Fingal, wenn die Metapher ganz
durchgeführt wäre!

Trothal wogte heran mit dem Strome seines Volkes, aber sie stießen auf einen Felsen;
denn Fingal stand unbeweglich. Gebrochen
rollten sie zurücke von der Seite des Felsen.
Aber sie rollten nicht sicher zurück; des Königs
Speer verfolgte sie.

Warum doch hier der Fels einen Speer nehmen mußte! Selbst die besten Schriftsteller
hüteten sich nicht sorgfältig genug vor diesem Fehler.

Urit enim fulgore suo, qui praegravat aures
Infra se positas. *Horaz.*

Ah! quanta laboras in charybdi,
Digne puer meliore flamma!
Ebenders.

There is not a single view of human
nature, which is not sufficient to extinguish
the seads of pride.   Addison.

e) Verfolge eine Metapher nicht zu
lange. Laß dem Zuhörer oder Leser auch
etwas zu denken; spinne deinen Gedanken
nicht zu fein aus, setze den Leser in Stand,
auch etwas von dem seinigen hinzuzudenken.
Es giebt Schriftsteller, welche, wenn sie
einmal ein schönes Bild erhascht haben,
sich nicht mehr von ihm trennen können.
Unter den Kirchenvätern hatte vorzüglich
Chrysostomus diese Schwachheit. —
Auch Young war nicht frei davon in seinen Nachtgedanken. Er redet dem Alter
zu, sich mit dem Gedanken des Todes zu
beschäftigen.

Walk thougtfull on the silent solemn shore
Of that vast ocean, it must sail so suon.

Wie schön, wenn er nicht hinzugesetzt hätte:

And put good works on board; and wait
the wind,
That shortly blows us ints worlds unknown.

Eine fortgeführte Metapher, in welcher
der eigentliche Sinn nicht ausdrücklich an-
gezeiget, sondern von dem Leser hinzuge-
dacht wird, nennt man Allegorie. Diese

R 2   unter-

unterſcheidet ſich alſo von der Metapher
1) durch ihre größere Ausdehnung, 2) da=
durch, daß in jener der Sinn ausdrücklich
beſtimmt, in dieſer nur durch Bilder an=
gegeben wird. Ein Beiſpiel wird die Sache
am beſten aufklären. „Achilles war
tapfer, wie ein Löwe“, das iſt ein Gleich=
nis. „Achilles war ein Löwe“, das iſt
eine Metapher. „Der Löwe, vor deſſen
Gebrülle Nazionen zitterten, ward endlich
erlegt“. Sage ich dies von Achilles,
ohne ihn zu nennen, ſo ſage ich eine, aber
nicht gar ſchöne Allegorie.

In den ältern Zeiten war die Allegorie
das gewöhnliche Vehikel, die Moral zu
verbreiten. Die Sinnbilder der Aegyptier,
und die Parabeln der Hebrder waren nichts
anders, als große Allegorien. Die heilige
Schrift enthält eine Menge derſelben, von
denen ſich viele durch edle Einfalt und
Fruchtbarkeit der Gedanken auszeichnen.
Ich führe eine einzige an, welche gewiß zu
den ſchönſten gehöret.

Du haſt einen Weinſtock aus Aegypten
geholt: du haſt die Heiden verbannt, um ihn
zu pflanzen. Du machteſt ihm Luft, und ließeſt
ihn tief wurzeln. Bald verbreitete er ſich über
das Land. Die Hügel wurden mit ſeinem
Schatten bedeckt: ſeine Reben ſchoſſen auf,
wie

wie Zedern. Bis in die See ſtreckten ſich ſei=
ne Reben aus, bis in den Fluß ſeine Zweige.
Warum haſt du den Zaun niedergeriſſen, daß
jeder, der vorüber geht, deinen Weinſtock aus=
reiſſen kann? Der Eber des Waldes verſtöret
ihn: wilde Thiere freſſen ihn auf. Komm zu=
rücke, o Gott der Heerſcharen, ſieh herab vom
Himmel, und rette deinen Weinſtock! Pſalm
LXXX. 9—16.

Mit der Metapher ſind noch jene unei=
gentliche, aber nicht bildliche Arten des
Ausdrucks verwandt, welche wir unter dem
Namen der Metonymie, und der Sy=
nekdoche kennen. Jene iſt eine Figur,
durch welche ſtatt des eigenthümlichen Be=
griffes ein ſolcher geſetzt wird, der mit ihm
in einem Zuſammenhange ſteht. Dieſe ver=
wechſelt Begriffe von größerer Ausdehnung
mit Begriffen von geringerer Ausdehnung,
oder umgekehrt. Es verſteht ſich, daß bei=
de nur alsdenn für wahre Hülfsmittel der
Lebhaftigkeit gelten können, wenn ſie wirk=
lich die Anſchaulichkeit der Begriffe beför=
dern. Die weitere Erklärung findet man
in jedem Lehrbuche der Schreibart.

Die ältern Rhetoriker haben der Meta=
pher, der Synekdoche, und Metonymie,
nebſt noch einigen ähnlichen Figuren die Be=
nennung der Tropen gegeben, um ſie von
den übrigen Figuren zu unterſcheiden. Es

lohnt

lohnet der Mühe nicht, darüber ein Wort
zu verlieren. Nützlicher sind vielleicht einige
Bemerkungen über den Ursprung der soge=
nannten Tropen. Das Bedürfnis erzeugte
sie, und der Lupus vermehrte sie. Die Ar=
muth an eigenthümlichen Zeichen nöthigte
die noch rohen Menschen, sich der unei=
genthümlichen zu bedienen. Auch die Ge=
mächlichkeit bestimmte sie zu dem Gebrauche
derselben. Sie wollten ihre Worte nicht
ins unendliche vervielfältigen: daher such=
ten sie Mittel, mit einem und demselben
Worte mehrere Ideen zu bezeichnen. Bald
fanden sie ein Vergnügen daran: die Tro=
pen, besonders die Metapher, gaben ihrer
Einbildungskraft eine angenehme Beschäf=
tigung, und man wählte nun auch in Fäl=
len, wo es nicht an eigenthümlichen Aus=
drücken fehlte, doch lieber uneigenthümliche.
Modus transferendi verba late patet;
quem neceſſitas primum genuit, co-
acta inopia et anguſtiis, poſt autem de-
lectatio jucunditasque celebrauit. Nam
vt veſtis, frigoris depellendi cauſſa reperta primo, poſt adhiberi cœpta
eſt ad ornatum etiam corporis et dig-
nitatem, ſic verbi translatio inſtituta
eſt inopiae cauſſa, frequentata, dele-
ctationis. CICERO de Oratore.

* Sieh Blair B. I. S. 317. folgg. der
Basler Ausgabe.

§. 200.

Vergegenwärtigung.

Zu den wirkſamſten Mitteln, die Einbildungskraft zu täuſchen, gehöret die Vergegenwärtigung abweſender Dinge. Die
Figuren, wodurch ſie bewirkt wird, ſind:
das hiſtoriſche Tempus, die Perſonification, die Viſion, und die Apoſtro-
phe.

Das hiſtoriſche Tempus erzählt längſt-
geſchehene Dinge, als gegenwärtig: es wird
ſo wohl in der niedern, als erhabenen, und
pathetiſchen Schreibart gebraucht. Um
ſchön zu ſein, muß es a) nicht unvorberei-
tet, b) angemeſſen, c) nicht zu lange an-
haltend ſein.

Die Perſonification iſt tief in der
menſchlichen Natur gegründet, und die
ganze Sprache iſt darauf gebauet. Sie befördert die Lebhaftigkeit ungemein, indem
ſie todte Gegenſtände nicht allein belebt,
ſondern auch unſerer eigenen Natur näher
bringet, und dadurch für uns intereſſanter
macht. Sie hat verſchiedene Grade. Sieh
Adelung.

Die Viſion kann nicht anders, als im
ſtärkſten Enthuſiasmus gebraucht werden.
Sie

R 4

Sie seßet voraus, daß der Redner oder
Dichter ganz von seinem Gegenstande er=
füllet sei, und ihn wirklich mit Augen zu
sehen glaube. Merket der Zuhörer, daß sie
nicht Werk der höchsten (doch immer regel=
mäßigen) Imagination, sondern Werk der
Kunst sei; so geht alle Täuschung verloren.

Die Apostrophe, oder Anrede wird
entweder an gegenwärtige, oder an abwe=
sende, oder gar an leblose Wesen gerichtet.
Im letzten Falle verbindet sie sich mit der
Personification, und fodert desto mehr Vor=
bereitung, bewirkt aber auch, wenn sie am
rechten Orte steht, die höchste Täuschung.

Die Figuren, von welchen hier gehan=
delt wird, gehören zu den stärksten, müssen
also nur sparsam, und mit vieler Behut=
samkeit gebraucht werden, besonders vor
unserm pflegmatischen Publikum. Nichts
reizet mehr zum Lachen, als ein öffentlicher
Redner, der Flammen sprühet, indeß sei=
ne Zuhörer gähnen.

§. 201.

Figuren für die Leidenschaften.

Die vorzüglichsten sind: Der Aufruf,
die Vergrößerung, die Ironie, mit
den übrigen Figuren des Spottes,
der

der Wunsch, die Betheurung, die
Beschwörung, und die Verwünsch=
ung. Die Erklärung derselben liegt schon
in ihren Namen, und Beispiele finden sich
allenthalben. Vorschriften darüber zu ge=
ben, wäre überflüssig; sie entstehen von
selbst, so bald wahre Empfindung da ist.
Ohne diese machen sie den Schriftsteller nur
lächerlich.

§. 202.

Figuren des Witzes und des Scharffsinnes.

Adelung rechnet hieher die Vergleich=
ung, das Antitheton, oder den Con=
trast, den Gegensatz mit seinen beiden
Hauptarten: der Paronomasie und
Antithese, das Unerwartete, das Pa=
radoxe, das Naive, und endlich die
Sentenz, oder den Denkspruch. Wir
können uns, der Kürze wegen, auf das
beziehen, was in der allgemeinen Aesthetik
§§. 93, 95, 96, 97. folgg. gesagt wor=
den. Die Anwendung der allgemeinen
Grundsätze, welche dort aufgestellt wur=
den, auf die Schreibart ist so leicht, daß
es unnütz wäre, uns hier länger aufzuhal=
ten. Nur von der Vergleichung ist zu
merken, daß sie mit dem Gleichnisse nicht
ganz einerlei sei. Dieses hat vorzüglich
Anschaulichkeit, jene Vergnügen zum Zwe=
cke.

cke. Das Gleichnis bezieht sich aufs Ganze, die Vergleichung verbreitet sich mehr über einzelne Theile. Jenes ist kurz: diese weitläufiger und umständlicher. — Die Eigenschaften eines guten Denkspruches sind Schicklichkeit, Fruchtbarkeit, und vor allem Wahrheit. Die Figuren des Witzes müssen im ernsthaften Stile selten, im leidenschaftlichen nie gebraucht werden. Ihre Hauptrolle spielen sie im Komischen und Niedrigkomischen.

§. 203.
Unächte Mittel, die Lebhaftigkeit zu befördern.

Als solche werden mit Recht betrachtet 1) die Onomatopöie, 2) biblische Parodien und Anspielungen, 3) das Echo, 4) das Anagramm, 5) Sprüchwörter, 6) das Sinnbild, 7) das Räthsel.

Ueber die Onomatopöie haben wir uns schon an einem andern Orte erklärt. S. §. 195. Was für ein Vergnügen gewähret wohl der rohe Naturlaut einem ästhetischen Ohr?

Die Bibel enthält die geheiligten Wahrheiten unserer Religion: komische Anspielungen

lungen auf ihre Aussprüche und Redensarten verrathen oft Gottlosigkeit, allemal
leichtsinn, nie Bescheidenheit und Achtung
gegen seine Mitmenschen.

Ueber das Echo wird es nicht nöthig
sein mehr zu sagen, als daß es ein weiland
jesuitisches Wortspiel sei.

Das Anagramm versetzt die Buchstaben
eines Wortes, um ein anderes herauszu-
bringen. Als Spielwerk mag es zuweilen
in der Gesellschaft ein lächeln erregen; aber
als Mittel der Lebhaftigkeit in der Schreibart taugt es nichts.

Unter den Sprüchwörtern muß man
einen Unterschied machen. Einige sind
ganz unedel, und solche müssen aus jedem
guten Aufsatze, selbst aus dem Munde eines
guten Gesellschafters auch immer verbannt
bleiben. Andere sind zwar gemein, aber nicht
unedel: solche können nicht so schlechterdings verworfen werden. Wohl taugen
sie nicht in der erhabenen Schreibart, aber
in populären Aufsätzen und Vorträgen mögen sie mit gutem Nutzen gebraucht werden.

Das Sinnbild im ängern Verstande des
Wortes bedeutet ein Bild, welches einen
unsinn-

unsinnlichen Verstand hat, und dem ein
kurzer Ausspruch (Devise) als Schlüssel
angehängt wird.   Man hat endlich aufge-
hört, dieses Steckenpferd zu reiten.

Das Räthsel ist eine, gemeiniglich in
eine Frage eingekleidete Allegorie, wo die
angegebenen Merkmale sich zu widerspre-
chen scheinen.   Es hat gewisse Regeln, mit
welchen wir uns hier nicht abgeben können.   In gesellschaftlichen Unterhaltungen
mag es zuweilen gute Dienste thun; nur
verdient es nicht, als Verschönerungsmittel
der Schreibart betrachtet zu werden.

§. 204.
Allgemeine Hülfsmittel, den Stil
zu bilden.

Das Erste, was zu einem Schriftsteller
erfodert wird, ist das Genie.   Wir haben
davon in der allgemeinen Aesthetik gehandelt, und können dahin zurücke weisen.

Der Geschmack ist der Mentor des Genies, und die zweite Eigenschaft des Mannes, welcher die Laufbahn eines Schriftstellers betreten will.   Auch darüber brauchen wir nichts weiter hier zu sagen.

Das

Daß drittens einem Schriftsteller gründs
liche Kenntnis der Aesthetik, und der Res
geln eines guten Stils unentbehrlich sei,
bedarf doch wohl keines Beweises mehr; da
diese ganze Arbeit es beweiset.

Die Lektüre der klassischen Schriftsteller
gehöret viertens unter die nothwendigsten
Hülfsmittel, zu einem guten Stil zu ges
langen. Klassische Schriftsteller sind dies
jenigen, welchen ihre pünktliche Beobachs
tung der Regeln des Schönen das Zutrauen
und den allgemeinen Beifall der Kenner
erworben haben. Ein vertrauter und ans
haltender Umgang mit ihnen verfeinert
das Gefühl, erweitert die Kenntnisse, bes
richtiget die Begriffe, befestiget den Ges
schmack, und veredelt selbst das Herz. Doch
muß sich der Jüngling vor Abgötterei hüs
ten. Auch die größten Männer hatten ihs
re Schwachheiten. „Ihr müsset nicht
„glauben, sagt Quintilian, Alles sei
„vollkommen, was große Redner je gesagt
„haben. Auch sie fehlen zuweilen, auch
„sie erliegen unter der Bürde, oder folgen
„allzusehr dem Hange ihres Temperaments.
„Nicht immer arbeiten sie mit Anstreng?
„ung: manchmal ermüden sie. Deshalb
„scheint dem Cicero bisweilen ein Des
„mosthen, und dem Horaz selbst ein
„Homer

„Homer einzuschläfen. Sie waren große
„Männer, aber sie waren Menschen.
„Wenn junge Leute Alles, was sie bei ih=
„nen finden, für Regel ansehen; so wer=
„den sie leicht versucht, ihre Fehler nach=
„zuahmen — und glauben dann, den großen
„Männern zu gleichen, weil sie ihre Feh=
„ler angenommen haben". L. X, 1.

Das letzte, und nothwendigste Hülfs=
mittel endlich ist die Uebung, unter der
Aufsicht eines verständigen und geschmack=
vollen Lehrers. Fehlet es an einem solchen;
so läßt sich der Mangel dadurch ersetzen,
daß man oft eine Stelle aus einem klassi=
schen Buche liest, selbst über den Gegen=
stand nachdenkt, und dann es versucht,
ihn auch mit seinen eigenen Worten dar=
zustellen. Ist die Arbeit gethan; so läßt
man sie einige Zeit liegen, alsdenn über=
sieht man sie mit kaltem Blute, hält sie
gegen jene des Klassikers, und bemerkt die
Abweichungen von derselben.

Collektaneen, und Phrasesbücher ver=
derben allen Geschmack, und machen jenes
Horazianische wahr:

Purpureus late, qui splendeat, vnus et alter
Adsuitur pannus.

Eben

Eben so wenig taugt die sklavische Nach=
ahmung klassischer Schriftsteller. Jeder
Mensch hat seine eigene Art zu denken und
zu empfinden: diese muß in seinen Schrif=
ten sichtbar bleiben.

Das Uebersetzen wird oft als ein Mit=
tel angesehen, den Stil zu bilden. Das
ist es aber gewiß nicht; vielmehr dienet es,
ihn schleppend und steif zu machen. Wer
zu bald anfängt zu übersetzen, wird es ge=
wiß in der Schreibart nicht weit bringen.
Der größte Vortheil, den Uebersetzungen
für junge Leute haben, besteht wohl darinn,
daß diese mit den Schwierigkeiten, und
Eigenthümlichkeiten beider Sprachen be=
kannt werden.

§. 205.
Beschluß des zweiten Haupttheiles.

So viel von den allgemeinen Eigenschaf=
ten, und Beförderungsmitteln eines guten
Stils. Nun werden wir vom Allgemei=
nen zum Besondern fortschreiten können.
In der Theorie der Poesie und Beredsam=
keit werden wir gebahnte Straße finden.
Und dies ist wohl auch das einzige Verdienst,
welches ich mir durch meinen Plan erwor=
ben zu haben glaube.

Ende des zweiten Theils.

www.ingramcontent.com/pod-product-compliance
Lightning Source LLC
Chambersburg PA
CBHW020508270326
41926CB00008B/791